MISSÃO HAITI

7 LIÇÕES DE LIDERANÇA

Ricardo Bezerra

figurati

SÃO PAULO, 2019

Missão Haiti: 7 lições de liderança

Copyright © 2019 by Ricardo Bezerra
Copyright © 2019 by Novo Século Editora Ltda.

EDITORIAL
Bruna Casaroti • Jacob Paes • João Paulo Putini
Nair Ferraz • Renata de Mello do Vale • Vitor Donofrio

PREPARAÇÃO DE TEXTO: Tássia Carvalho
REVISÃO: Nilce Xavier
CAPA E PROJ. GRÁFICO: Bruna Casaroti
IMAGENS: Acervo do Exército Brasileiro, utilizadas mediante autorização
Imagens (p. 26 e 27): NesieBird/shutterstock

Texto de acordo com as normas do Novo Acordo Ortográfico da Língua Portuguesa (1990), em vigor desde 1º de janeiro de 2009.

Dados Internacionais de Catalogação na Publicação (CIP)
Angélica Ilacqua CRB-8/7057

Bezerra, Ricardo
Missão Haiti : 7 lições de liderança / Ricardo Bezerra. -- Barueri, SP : Figurati, 2019.

1. Liderança 2. Militares - Narrativas pessoais
3. Missões Militares - Haiti I. Título

| 19-1444 | CDD 658.4092 |

Índice para catálogo sistemático:
1. LIderança 658.4092

Alameda Araguaia, 2190 – Bloco A – 11º andar – Conjunto 1111
CEP 06455-000 – Alphaville Industrial, Barueri – SP – Brasil
Tel.: (11) 3699-7107 | Fax: (11) 3699-7323
www.gruponovoseculo.com.br | atendimento@gruponovoseculo.com.br

AGRADECIMENTOS

Agradeço ao general Enzo, comandante do Exército na época em que fui selecionado para o Comando do 23º Batalhão Brasileiro de Força da Paz no Haiti (BRABAT 23), a confiança e a oportunidade de desempenhar essa nobre missão.

Também agradeço ao general Villas Bôas, Comandante do Exército durante o período em que escrevi esta obra, a honra de tê-la prefaciado, o incentivo e a autorização para utilizar, na confecção deste trabalho, o relatório do Centro de Psicologia Aplicada do Exército sobre o nosso BRABAT e uma série de fotografias relativas ao tema.

Agradeço à subchefia de Operações de Paz do Ministério da Defesa e ao Comando de Operações Terrestres do Exército as orientações seguras recebidas tanto na fase de preparação do batalhão, ainda no Brasil, quanto na fase de emprego, no Haiti.

Sou imensamente grato aos meus antigos comandantes e instrutores que, ao longo de mais de três décadas no Exército Brasileiro, serviram-me de modelo e fonte de conhecimento na arte de conduzir pessoas no cumprimento da missão.

Deixo especial gratidão aos comandantes de BRABAT que me antecederam. Os ensinamentos acumulados a cada missão me permitiram realizar uma preparação adequada bem como antecipar vários fatos que viriam a ocorrer no Haiti.

Sou muito grato ao embaixador Brasileiro no Haiti, Fernando Vidal, e a sua equipe, por todo o suporte dado à tropa brasileira durante a missão.

A preparação não teria sido a mesma sem o apoio incondicional do general Mourão, Comandante Militar do Sul, e do general Silveira, Comandante da 8ª Brigada de Infantaria Motorizada e Coordenador do preparo do BRABAT 23. Foi também fundamental a seriedade com que os comandantes de organizações militares contribuintes de tropa conduziram a seleção de pessoal e as instruções preparatórias.

Não poderia deixar de registrar o profissionalismo do pessoal do Centro Conjunto de Operações de Paz do Brasil, do Centro de Avaliação de Adestramento do Exército, do Centro de Estudos do Pessoal e do Centro de Psicologia Aplicada do Exército.

Ao subcomandante e a todo o estado-maior do BRABAT 23, minha eterna gratidão pela amizade e pela conduta profissional. Agradeço cada assessoramento, dos que confirmaram e também dos que questionaram as ideias por mim concebidas. Sem a honestidade e a experiência desses militares de alto nível, as decisões tomadas não teriam sido tão eficazes. Obrigado também pelo apoio dado nos momentos difíceis.

Aos comandantes de subunidade, ao comandante do Grupamento Operativo de Fuzileiros Navais e aos comandantes de pequenas frações, todo o meu apreço pelo profissionalismo de transmitirem, de forma fiel, minhas diretrizes à tropa. Pela lealdade na defesa de minhas decisões e por me assessorarem no trato com a ponta da linha. Seus bons exemplos de conduta, tanto nas situações de risco quanto na rotina do dia a dia, foram fundamentais para a condução de nossos subordinados.

É importante reconhecer e valorizar o trabalho da psicóloga e do capelão do batalhão, os quais, por sua capacidade de trabalho, demonstraram ser ferramentas indispensáveis na condução da dimensão humana da unidade militar.

Ao meu Adjunto de Comando – subtenente Nairton – meu muito obrigado por atuar como elo entre os diversos níveis de comando do BRABAT e a tropa, bem como pela camaradagem, pela lealdade e pelo comprometimento. Graças ao seu esforço e a sua dedicação, alcançamos os níveis de liderança neste livro apresentados.

Quero também deixar registrado o meu agradecimento a cada integrante do BRABAT 23. Obrigado pela confiança depositada e pelo apoio em todas as situações, mesmo quando nem sequer sabiam o porquê de minhas decisões.

A todos os amigos que, de alguma forma, contribuíram para o êxito de nossa missão e para a preparação deste livro, os meus sinceros agradecimentos.

Por fim, agradeço à minha família todo o suporte dado durante o período em que fiquei afastado. Aos meus pais, o exemplo que me deram ao longo de toda a vida. Às minhas filhas, toda a minha gratidão pelo apoio incondicional recebido, desde o momento em que fui consultado sobre a possibilidade de seguir para o Haiti, até o meu retorno definitivo ao Brasil.

Muito obrigado!

Sumário

Prefácio	9
Introdução	13
Prólogo ENTENDENDO O CONTEXTO DE MISSÃO	17
A primeira lição PREPARE-SE PROFUNDAMENTE PARA LIDERAR	33
A segunda Lição ATUE SOBRE AS INFLUÊNCIAS DO AMBIENTE	57
A terceira lição CONDUZA AS LIDERANÇAS INTERMEDIÁRIAS	83
A quarta lição PERSONALIZE O TRATAMENTO DADO AOS SUBORDINADOS	109
A quinta lição COMUNIQUE-SE COM OS SUBORDINADOS	163
A sexta lição DÊ O BOM EXEMPLO	183
A sétima lição UTILIZE OS INSTRUMENTOS INSTITUCIONAIS	205
Epílogo CONSTATANDO OS RESULTADOS	231
Missão Haiti EM IMAGENS	243

PREFÁCIO

O Brasil carece de registros sobre aspectos da liderança aplicados e avaliados em uma situação real, no terreno, em um ambiente de conflito e de tensão. Nesse contexto, foi com grande honra e satisfação que recebi o convite para fazer o prefácio desta oportuna obra do coronel Ricardo Bezerra, militar que tive o prazer de ter ao meu lado como oficial de operações do 1º Batalhão de Infantaria de Selva, organização Militar sediada em Manaus, Amazonas, que eu comandei nos anos de 1998 e 1999.

No século XX, nosso país esteve envolvido em dois tipos de emprego militar externo. O primeiro foi a Segunda Guerra Mundial, o maior conflito bélico da era contemporânea, que envolveu mais de 25 mil militares brasileiros na Europa e no Atlântico Sul.

Logo após a Segunda Guerra Mundial, foi criada a Organização das Nações Unidas, organização multinacional que tem como objetivo máximo evitar a ocorrência de conflitos bélicos. Como medidas preventivas, foram construídas as missões de paz, verdadeiras operações militares multinacionais que atuam nas áreas de conflitos com o claro intuito de apaziguar as controvérsias.

Durante a leitura de *Missão Haiti: 7 lições de liderança*, observei que os dois eixos centrais dessa obra – o registro histórico da participação militar brasileira no Haiti; e os ensinamentos sobre liderança adquiridos durante a missão – bem caracterizam a complexidade da atuação de um chefe militar frente a uma tropa de paz em um embate típico do século XXI, que apresenta peculiaridades da atuação das forças de paz da ONU no terreno.

A obra é um relato inédito de um comandante do Batalhão Brasileiro, à frente de 850 homens e mulheres, da Marinha, do Exército e da Aeronáutica em atuação no Haiti. No livro, o autor expõe sete lições fundamentais de liderança, as quais, se aplicadas em outras situações, podem servir de ferramentas a qualquer chefe, civil ou militar, na difícil tarefa de criar laços afetivos tão fortes com suas equipes, que as façam serem capazes de realizar façanhas incríveis.

Ao longo de prazerosa e emocionante leitura, a obra conduz a profundas reflexões sobre a natureza humana e suas respostas face a situações de tensão. Os aprendizados são muitos, verifica-se que o autor demonstrou, de forma criativa e lógica, a aplicação, em seu amplo espectro, de ensinamentos colhidos ao longo de mais de três décadas como chefe militar.

Confesso que durante a leitura deste livro, me transportei todo o tempo para o lugar do comandante, enfrentando os dilemas próprios e os desafios de quem se propõe a liderar, pelo exemplo, todos os seus subordinados no cumprimento do dever. Pude me identificar e me solidarizar com aquele chefe que, por muitas vezes, teve que decidir sob estresse e tensão, equilibrando o cuidado com sua tropa às necessidades de bem cumprir sua missão. E essa não é uma tarefa fácil.

Outros pontos que destaco foram os momentos em que o coronel Ricardo registrou as relações cordiais construídas com a população haitiana, o espírito cavalheiresco dos soldados brasileiro fortalecera as ações desencadeadas naquele ambiente complexo.

Considero que o registro de todos esses ensinamentos e fatos históricos, como um estudo de caso, mostra como o Exército

Brasileiro bem prepara seus líderes para grandes desafios. Esta narrativa, comprovada nos resultados das pesquisas realizadas pelo Centro de Psicologia Aplicada do Exército, sem dúvida, serve de ensinamento para aqueles que buscam fortalecer a liderança, seja no campo militar, seja no campo empresarial. Os aprendizados colhidos nos episódios narrados são elementos preciosos para quem se propõe a estar à frente de um grupo humano e conduzi-lo ao sucesso.

Por fim, desejo a todos uma boa leitura e cumprimento o autor não só por sua liderança muito bem demonstrada no terreno, mas também por sua generosidade em nos compartilhar tantos aprendizados e momentos marcantes vivenciados na incrível experiência de comandar o Batalhão Brasileiro de Força de Paz no Haiti. Cumprimento também pela original abordagem que fez sobre tão importante capítulo da história do Exército Brasileiro. Desejo que os leitores possam, ao final da leitura desta obra, refletir profundamente sobre como deve se portar um verdadeiro líder.

EDUARDO DIAS DA COSTA VILLAS BÔAS
General de Exército Comandante do Exército Brasileiro
(2014 - 2018)

INTRODUÇÃO

Na manhã de 28 de junho de 2016, no quartel do Batalhão de Polícia do Exército de Brasília, estava diante da tenente-psicóloga do Centro de Psicologia Aplicada do Exército (CPAEx), realizando o último evento do que havia sido o maior desafio da minha vida: o Comando do 23º Batalhão Brasileiro de Força da Paz no Haiti (BRABAT 23).

Como comandante, eu seria o último integrante do batalhão a realizar a entrevista de desmobilização. A partir daí, poderia ir para casa. Não via a hora de reencontrar minha família, de quem tinha sentido tanta saudade naqueles sete meses de missão.

Confesso que não estava muito concentrado no que a tenente dizia. Naquele momento de ansiedade, um turbilhão de coisas passava por minha cabeça. No entanto, as palavras finais da psicóloga me fizeram refletir sobre todo o trabalho, não só nos sete meses de missão, como também no longo período de preparação.

Ela finalizou a entrevista dizendo que não só ela, mas toda a sua equipe, estava muito feliz pelo fato de ter passado uma semana de trabalho recebendo depoimentos positivos sobre o tempo em que vivemos no Haiti. Seu semblante realmente refletia satisfação com o que havia presenciado na semana de desmobilização. Além disso, informou que a maioria da tropa havia reconhecido o trabalho realizado pelo Comandante do BRABAT como muito positivo. Portanto, a quase totalidade dos integrantes do batalhão estava feliz pela forma como o contingente havia cumprido a missão.

Essas palavras, na verdade, vieram confirmar o relatório oficial do CPAEx, quando um grupo de três psicólogos de seu pessoal, durante o quarto mês de missão, ficou uma semana conosco no Haiti realizando pesquisas sobre o clima organizacional. Sobre o aspecto da liderança do comandante do BRABAT, pode-se destacar o seguinte trecho do referido relatório:

> De acordo com as respostas dos questionários aplicados, a amostra apresentou um índice geral de 98,19% de satisfação em relação à liderança do comandante do BRABAT [...]. Levando-se em conta os índices de satisfação (parcialmente satisfeito e totalmente satisfeito) e as entrevistas psicológicas, conclui-se que os militares possuem a percepção de que o comandante do BRABAT está desempenhando suas atribuições com muito comprometimento e alto nível de desempenho. (CPAEx, 2016, n.p)

Ao terminar a entrevista, agradeci as palavras da tenente e segui para casa refletindo. A confirmação, ao final da missão, do que havia sido avaliado no quarto mês materializava o produto de um trabalho planejado desde o dia em que soube que iria comandar o BRABAT: o trabalho de liderar a tropa na conquista dos objetivos institucionais.

Perceber que havia alcançado o objetivo de conduzir pessoas em tantos momentos difíceis me fez ponderar sobre como chegara àquele resultado. Embora houvesse sido um comandante exigente, recebi o reconhecimento dos subordinados.

Senti gratidão aos comandantes de BRABAT anteriores que, ao longo de doze anos antes de mim, deram o exemplo sobre como conduzir uma tropa em situações de crise. Líderes que enfrentaram vários combates nas pacificações mais difíceis, que fizeram frente a furacões, a gangues armadas, a distúrbios civis e ao terremoto de 2010 em Porto Príncipe. Líderes que foram referência e modelo em todos os momentos.

Esses comandantes anteriores ensinaram que, de fato, por melhor que seja o chefe, a liderança não se alcança apenas conduzindo as pessoas com o coração. Nos momentos de crise, temos de tomar decisões difíceis e, em muitos casos, impopulares. Precisamos estar preparados técnica e psicologicamente. Temos de conhecer a tropa e saber nos comunicar com ela. Além disso, o ambiente hostil da área de operações também exerce grande influência na relação entre nós e os liderados. As pessoas não reagem da mesma forma quando a tensão atinge níveis elevados. Por fim, devemos estar preparados para fazer as coisas acontecerem.

Com mais de 34 anos de serviço no Exército, onde aprendi e pratiquei a utilização das ferramentas de condução de grupos, posso afirmar que não existe liderança nata. O líder messiânico, que sabe de tudo e sempre acerta, é apenas figura da ficção. Por outro lado, o líder de carne e osso é fruto de muito suor, estudo e autocrítica.

Por tudo isso, afirmo que este livro é um estudo de caso sobre liderança, no contexto da missão de paz no Haiti. Aqui há um testemunho singular de sete lições sobre condução de pessoas em uma situação na qual a natureza humana se revela em sua essência. Nesta obra, proponho apresentar os segredos de uma fórmula que comprovadamente deu certo, conforme constatado pelos testemunhos dos meus subordinados ao CPAEx.

Os fundamentos dessa fórmula podem ser usados por quem quer que se disponha a liderar grupos de qualquer nível hierárquico, militares ou civis, seja em instituições públicas ou privadas, em toda situação na qual se queira conduzir pessoas, aliando alto nível de rendimento à grande satisfação da equipe.

Boa leitura!

Patrulha em Cité Soleil

Prólogo

ENTENDENDO O CONTEXTO DE MISSÃO

Existem muitos obstáculos difíceis no seu caminho. Não permita que você se torne um deles.
(Ralph Marston)

Haiti, palco principal das atividades desenvolvidas por mim e meus subordinados no decorrer da missão. Não há como falar do país sem antes contar um pouco de sua história, pois somente assim será possível delinear um cenário completo sobre o ambiente onde vivemos o nosso desafio.

Geograficamente, o Haiti divide uma ilha com a República Dominicana, a ilha Hispaniola, assim batizada por Cristóvão Colombo, quando lá chegou em 1492. Essa região[1], que pertencia à Espanha, foi cedida à França em 1697. Essa é a parte da ilha que conhecemos, hoje, como Haiti.

A então colônia francesa possuía uma economia que girava em torno das indústrias florestais e da plantação de cana-de-açúcar, vindo a se tornar a mais rica do Caribe. Isso foi conseguido mediante a utilização de mão de obra escravizada de origem africana.

No entanto, a história do país começou a mudar com a Revolução Francesa, em 1789, período em que os ideais da "Declaração dos Direitos do Homem" chegaram à então Capital, Saint-Domingue[2]. Com ideias libertárias em mente, a pequena elite crioula[3] iniciou uma revolta contra os colonizadores. Influenciados pelo desejo de liberdade, os quase meio milhão de escravizados que o Haiti possuía causaram uma enorme rebelião, no final do século XVIII, sob a liderança de Toussaint L'Ouverture.

---
1   O terço ocidental da ilha.
2   Hoje pertencente à República Dominicana.
3   Assim chamados os negros libertos e os nascidos da miscigenação que ocorrera naturalmente.

Mais que apenas liberdade, os negros reivindicavam igualdade e o direito à propriedade de terras. Após uma luta prolongada, a independência do país foi declarada em janeiro de 1804, e o Haiti se tornou a primeira nação pós-colonialista liderada por negros no mundo.

É importante ressaltar que os escravizados, durante o processo de libertação do domínio francês, mataram todos os colonizadores de origem branca da ilha, vingando as barbáries que vinham sofrendo até então, e destruíram todos os meios de produção.

Alguém com o olhar um pouco mais acurado, já naquela época, poderia deduzir que, com o baixo nível de instrução da população, e sem os meios de produção, o futuro não guardava boas surpresas para a nova nação independente.

Como os infortúnios nesse país nunca chegam sozinhos, ocorreu um isolamento por parte dos demais países, pois o que acontecera no Haiti, na época, foi considerado um mau exemplo para as demais nações escravocratas. No início do século XIX, uma rebelião de escravos, que matou todos os colonizadores e tornou o país livre, não era algo que outros países desejassem em suas colônias. O mundo já começava a se preocupar, mal sabendo que os conflitos por lá iriam influenciar novos processos de libertação.

O boicote imposto ao Haiti durou cerca de 60 anos, chegando ao fim somente quando o governo haitiano assinou um acordo comprometendo-se a pagar à França a quantia de 150 milhões de francos, como indenização por sua independência. Posteriormente, esse valor foi reduzido para 90 milhões, mas, ainda assim, ajudou a derrubar financeiramente a nova nação.

Acredito que a junção desses fatores inviabilizou o progresso do Haiti no decorrer do tempo, que acabou se convertendo em um dos países mais pobres das Américas. Alguns estudiosos afirmam que é a nação mais pobre do hemisfério ocidental, levando em conta o Produto Interno Bruto (PIB) e a renda *per capita* da população.

A instabilidade política é outro traço característico desse país ao longo de sua história. A última eleição para presidente ocorreu no final de 2016, sob muita confusão e pressão popular, levando ao poder Jovenel Moise.

Desde a independência, poucos foram os presidentes que conseguiram terminar o mandato e passar o cargo ao sucessor. Com a maioria dos presidentes, ocorreu uma das situações a seguir: morreu no cargo; foi deposto; foi assassinado[4]; renunciou ou precisara fugir do país por questões políticas.

Da história política do país, cabe destacar o governo mais sombrio que o Haiti já teve – a ditadura de François Duvalier, iniciada em 1957. Médico reconhecido mundialmente pelas atividades relacionadas a movimentos negros e sociais, era conhecido como "Papa Doc"[5]. Perseguições, repressão violenta, tortura e assassinato foram alguns dos métodos políticos utilizados por ele, principalmente tendo ao seu lado os "tontons macoutes"[6], uma espécie de polícia política, específica para assuntos relacionados à repressão. Seu governo apoiava-se também no vodu, religião originária da própria ilha.

Tontons macoutes

---

4   Inclusive, há casos de governantes que foram mortos com todos os membros da família.
5   O que em português poderia ser traduzido como "papai médico".
6   Em português, poderia ser traduzido como "bichos-papões".

Quanto ao vodu, crença muito praticada no país como elemento profundamente arraigado na cultura popular, consiste na mistura de elementos de cultos africanos com o cristianismo. E, apesar de estar ligado à tradição e aos valores nacionais, durante anos houve uma perseguição aos seus praticantes pela própria elite haitiana, que o rejeitava. Ela apontava a prática como a causa do atraso da nação. Embora o vodu cultue valores como a honra e a vida, foi mitificado como uma crença maligna pela indústria cinematográfica norte-americana, por meio de diversos filmes de terror.

Papa Doc conseguiu promulgar uma constituição em 1964 que tornou seu cargo vitalício, declarando o filho, Jean Claude Duvalier ("Baby Doc"), seu sucessor. Papa Doc morreu no cargo, em 1971, e Baby Doc assumiu o mandato aos 19 anos de idade, mantendo o regime ditatorial.

O governo de Baby Doc acabou em 1986, deposto pelos militares, que conseguiram fazer eleições livres, libertando o país da ditadura. No entanto, entre 1986 e 1990, a Presidência do país mudou de mandatário por seis vezes. Em 1991, foi eleito, então, o padre salesiano Jean-Bertrand Aristide, com 67% dos votos. Alguns meses depois, um golpe o tirou do poder, dando início a um cenário ainda mais grave de instabilidade política, período em que foi necessária a participação ativa das missões, com o emprego de tropas no país, como a dos EUA e, mais recentemente, a da Organização das Nações Unidas (ONU).

Esse é o cenário do Haiti, sofrido e praticamente fadado ao insucesso. E foi nesse caos, em meio a conflitos políticos, violência extrema, fome e uma população sem esperanças, que começaram a surgir respostas das Nações Unidas. A Missão das Nações Unidas para a Estabilização no Haiti (MINUSTAH) foi criada em 2004, pela ONU, com o consentimento do Governo haitiano. Era a sexta missão da ONU no país desde 1993. Em 2004, as tropas brasileiras pisaram, pela primeira vez, em solo haitiano. Foram 13 anos de missão. Meu contingente esteve no país de dezembro de 2015 a junho de 2016.

A MINUSTAH E O BRABAT

Com a missão de promover a paz e a segurança, e pautada no programa de reconstrução do país, a MINUSTAH foi a expressão do engajamento solidário da comunidade internacional no Haiti.

De forma geral, em sua organização, ela possuía componentes civil, político, policial e militar. O militar, do qual a nossa tropa fazia parte, era composto de tropas de vários países e tinha a tarefa de manter um ambiente seguro e estável[7], para que os demais componentes tivessem condições de realizar o seu trabalho. O comandante do Componente Militar sempre fora um oficial general brasileiro que trabalhava a serviço da ONU.

Como mencionado, a missão começou em 2004. No início, o Brasil enviou uma Brigada, a Brigada Haiti, que possuía um general como comandante. Havia um batalhão da Marinha do Brasil, denominado Grupamento Operativo de Fuzileiros Navais, e um Batalhão do Exército, acrescido de alguns elementos da Força Aérea. O mesmo se repetiu no segundo contingente, quanto à estrutura. Foi definido que o rodízio das tropas brasileiras seria semestral, o que perdurou até o final da missão.

Após a saída da Brigada Haiti, em 2005, foi criada a Companhia Brasileira de Engenharia de Força de Paz (BRAENGCOY), que tinha por finalidade realizar atividades de apoio, executando, por exemplo, desobstrução de vias ou construção de pequenas obras públicas. Além disso, um batalhão conjunto, com tropas do

---

7   A missão da MINUSTAH, e particularmente a do Componente Militar, era fruto do acordo formal realizado entre a ONU e o governo do Haiti. O documento que formalizava esse acordo se chamava "Mandato", o qual estabelecia as condições de emprego das tropas no âmbito da missão.

BRAENGCOY realizando trabalho noturno

Exército, da Marinha e da Força Aérea Brasileira, também passou a compor o contingente militar do Brasil na MINUSTAH, o Batalhão Brasileiro de Força de Paz (BRABAT).

No período imediatamente após o terremoto de 2010, o Brasil passou a enviar dois batalhões por vez, além da BRAENGCOY. Um deles mantinha a tradicional missão de manter o ambiente seguro e estável enquanto o outro dava prioridade a atividades de ajuda humanitária.

A partir de 2013, os contingentes brasileiros voltaram a possuir um único Batalhão Brasileiro, além da BRAENGCOY. Cada tropa recebia uma numeração, para definir a ordem em que fora para o Haiti. O meu era o BRABAT 23, pois, junto com a BRAENGCOY 23, compúnhamos o 23º contingente brasileiro a atuar naquele país.

O efetivo do BRABAT variou muito ao longo dos anos, chegando a reduzir, em meu contingente, para um total de 850 integrantes, pois já estava em curso o planejamento de redução do efetivo do componente militar para a finalização total da missão.

O BRABAT, ao longo do tempo, foi protagonista do Componente Militar e responsável por várias pacificações ocorridas na capital haitiana. Em Porto Príncipe, por exemplo, atuou tanto isoladamente quanto em conjunto com tropas de outros países. Em muitos casos, entrou em combate com gangues armadas. A pacificação dos diversos bairros foi fundamental para que os demais componentes da MINUSTAH e as agências da ONU cumprissem a tarefa de reconstrução do país.

Em setembro de 2017, a MINUSTAH foi encerrada.

O TERREMOTO DE 2010

Em 12 de janeiro de 2010, quando a situação do Haiti começava a se tornar estável e a ONU já planejava a retirada das tropas de paz da região, um terremoto de proporções catastróficas, de magnitude 7,2 na escala Richter, afetou novamente as esperanças desse povo tão sofrido. A ONU contabilizou mais de 200 mil mortos, entre eles 102 funcionários da Organização e 21 brasileiros.

A destruição alcançou inúmeras instituições governamentais entre os mais de 300 mil prédios que vieram abaixo, em particular o próprio Palácio Presidencial e a sede local das Nações Unidas. Além disso, várias escolas e hospitais também foram destruídos e estima-se que 80% das construções de Porto Príncipe desmoronaram ou ficaram seriamente danificadas.

Com isso, tudo aquilo que a MINUSTAH viera construindo ao longo do tempo teve de ser recomeçado praticamente do zero, inclusive quanto à segurança, pois muitos presídios foram

Palácio Nacional antes do terremoto

Palácio Nacional depois do terremoto

danificados e os presos retornaram às ruas, piorando ainda mais a situação e o caos.

Entre as perdas brasileiras, figuram o vice-representante Especial do Secretário-Geral da ONU, Luiz Carlos da Costa; a fundadora da Pastoral da Criança e médica, Zilda Arns; um policial militar e 18 militares do Exército Brasileiro[8]. Todos foram perdas lastimáveis, que jamais serão esquecidas. Aqui deixo o meu tributo a esses heróis, que deram a vida por um bem maior.

O BRABAT 23

Após quatro meses de intensa preparação no estado do Rio Grande do Sul, de julho a outubro de 2015, finalmente, em novembro, o BRABAT 23 se deslocou para o Haiti.

Quando o batalhão assumiu a missão, passou a ser responsável pela região oeste do país, que abrangia o Departamento (assim se denominam o que chamamos de estados), onde se encontra a Capital (Porto Príncipe). Nossa área de operações era relativamente calma, graças ao excelente trabalho de pacificação realizado pelos contingentes anteriores.

Em Porto Príncipe, a ONU mantinha o campo militar "General Jaborandy", nome dado em homenagem ao general brasileiro falecido em 2015. Nesse campo, o BRABAT possuía duas bases: uma do Exército Brasileiro, denominada "General Bacellar", nome também em homenagem a outro general brasileiro falecido no Haiti,

---

[8] Foram os seguintes militares do Exército Brasileiro mortos no terremoto: soldado Antonio José Anacleto, soldado Felipe Gonçalves Julio, soldado Tiago Anaya Detimermani, soldado Rodrigo Augusto da Silva, soldado Kleber da Silva Santos, cabo Douglas Pedrotti Neckel, cabo Washington Luis de Souza Seraphin, cabo Arí Dirceu Fernandes Júnior, 3º sargento Rodrigo de Souza Lima, 2º sargento Davi Ramos de Lima, 2º sargento Leonardo de Castro Carvalho, subtenente Raniel Batista de Camargos, 1º tenente Bruno Ribeiro Mário, major Márcio Guimarães Martins, major Francisco Adolfo Vianna Martins, tenente-coronel Marcus Vinícius Macêdo Cysneiros, coronel Emílio Carlos Torres dos Santos e coronel João Eliseu Souza Zanin.

em 2006; e outra base situada no mesmo campo, denominada "Raquel de Queiroz", ocupada pela Marinha do Brasil.

Em nossa área de operações, existia uma comunidade chamada Cité Soleil, a qual possuía cerca de 300 mil habitantes que viviam em situação de pobreza extrema. Nessa comunidade, nós mantínhamos uma base (denominada Base de Cité Soleil) onde vivia uma companhia de fuzileiros[9]. A partir dali, podíamos atuar rapidamente nessa importante área quando necessário.

No passado, Cité Soleil fora considerada, pela ONU, a comunidade mais violenta do mundo. Na chegada do BRABAT 23, ainda havia tiroteios diários entre as gangues. Em nossa primeira semana no Haiti, tivemos dois confrontos com troca de tiros entre nossa tropa e elementos de gangues. As excelentes tropas que nos antecederam, o BRABAT 21 e o BRABAT 22, tiveram militares feridos por tiros quando atuavam nessa comunidade. Sem dúvida era a área mais perigosa do Haiti.

No entanto, o nosso foco inicial na missão não poderia ser Cité Soleil. Desde o mês de dezembro de 2015, até o início de fevereiro de 2016, o comando do componente militar da MINUSTAH nos determinou uma série de missões voltadas para garantir a segurança do pleito eleitoral que estaria por vir. Era um momento crucial para o país.

Nesse período, nos desdobramos em todo o sul do Haiti, ocupando pontos estratégicos, de onde poderíamos intervir em caso de necessidade. Além disso, fomos acionados diversas vezes, de forma imprevista, para colocar todo o Batalhão nas ruas e ter condições de fazer frente a manifestações violentas.

Em 7 de fevereiro de 2016, a crise eleitoral atingiu o ápice com o fim do mandato presidencial. Com a não realização das eleições, o presidente Michel Martelly divulgou ao público que

---

9   Cerca de 130 militares.

não iria deixar o cargo. Houve mobilização da oposição e grandes manifestações assolaram o país.

O BRABAT 23 foi acionado, cercando o Palácio Nacional, com a missão de proteger a integridade física do Chefe de Estado haitiano. A situação tensa só se acalmou quando Martelly decidiu deixar o cargo e o Parlamento escolheu o presidente do Senado, Jocelerme Privert, para assumir como presidente interino.

Após a estabilização da crise presidencial, o BRABAT 23 voltou sua prioridade para Cité Soleil. O marco inicial para a realização de uma série de operações que voltariam a acalmar essa comunidade ocorreu em 14 de fevereiro, conforme narrarei na sexta lição deste livro.

A partir daquele momento, com a crise política já estabilizada, poderíamos colocar a maioria dos meios do BRABAT para acabar com aqueles tiroteios entre as gangues, os quais, além de gerarem insegurança à comunidade, causavam a morte de civis inocentes.

Após realizar um minucioso trabalho de inteligência, identificando cada detalhe dos adversários que iríamos enfrentar, iniciamos diversas operações com a finalidade de neutralizar as gangues da comunidade. Todas as nossas operações foram executadas com autorização e acompanhamento da Justiça haitiana. Além disso, como desenvolvíamos um programa de preparação da Polícia Nacional Haitiana, nós a treinávamos e a empregávamos nas ações.

A qualidade do trabalho da nossa inteligência nos permitiu realizar ações precisas, sem qualquer dano à população. Ao término de aproximadamente 45 dias de operações, praticamente não se escutavam mais tiros no interior da comunidade. De fato, foram exatamente 68 dias sem qualquer disparo e, mesmo posteriormente, o número de tiros tendia a zero.

Um importante fruto do nosso trabalho consistiu no fato de outros integrantes da ONU e de Organizações Não Governamentais (ONG) ficarem em melhores condições de atuar no interior da comunidade, pois o nível de segurança havia melhorado muito.

Interessante destacar que, após a neutralização das gangues, o batalhão recebeu três comitivas de militares norte-americanos que, sem exceção, nos fizeram dois questionamentos: o primeiro era como havíamos feito para tranquilizar a comunidade, atuando estritamente dentro da lei e preservando a população; o segundo era como realizávamos várias operações em uma comunidade e, ainda assim, conseguíamos ser tão queridos pela população.

Esses eram nossos segredos. A forma de atuar em comunidades por nossa parte havia sido não só desenvolvida por competentes chefes ao longo de doze anos no Haiti, como também o fora em atuações do Exército em operações de garantia da lei e da ordem no Brasil. Aprendemos com o trabalho e com o suor de dias difíceis. A boa relação com a população era uma herança dos BRABAT anteriores, a qual tínhamos a obrigação de manter.

No sexto mês de missão, quando supostamente estávamos para retornar ao Brasil, recebi um telefonema do Comandante do Componente Militar, que perguntou se estávamos em condições de prolongar a missão por mais um mês. Afirmou estar preocupado com a nova crise política que surgia, relacionada ao fim do mandato provisório de Jocelerme Privert. E afirmou que confiava em nossa tropa e pediria, por meio da ONU, ao governo brasileiro a nossa permanência por mais um mês.

Senti-me lisonjeado com a confiança demonstrada, respondi prontamente que seria uma honra prosseguir naquela importante missão. Assim foi feito e permanecemos no Haiti pelo sétimo mês.

Por fim, quando entregamos a missão ao contingente seguinte, era possível, ao transitar por Cité Soleil à noite, ver a população nas ruas e as feiras funcionando até mais tarde. A vida mais normal que poderiam ter naquelas condições em que se encontravam.

Como tantos outros BRABATs antes de nós, havíamos deixado nosso legado.

Comandante do BRABAT se dirige à tropa

A primeira lição

PREPARE-SE PROFUNDAMENTE PARA LIDERAR

O chefe que quer ser digno de comandar deve começar por ser capaz de comandar a si mesmo. Sem autocontrole, ninguém pode pretender o controle das coisas e ainda menos dos homens.
(Gaston Curtois)

Chefes experientes, muitas vezes, fracassam na tarefa de conduzir pessoas porque subestimam o desafio de liderar. A vaidade e o excesso de confiança são características capazes de seduzir profissionais qualificados. A insensibilidade para os próprios defeitos e para práticas nocivas à condução de grupos tem feito chefes com alto potencial não saírem da mediocridade.

É importante destacar que a liderança é uma ação essencialmente afetiva, o líder precisa estar afetivamente bem para exercê-la, pois influenciará o outro, o que figura o próprio conceito de liderar.

Assim, compartilho a primeira grande lição sobre liderança: quem se propõe a liderar deve se preparar profundamente. Por essa razão, duas importantes atitudes a serem tomadas na fase da preparação são: a **autocrítica** e, em seguida, capacitar-se para a sua **autogestão**.

Como isso foi feito no caso do comandante do BRABAT 23? Veremos a seguir.

A AUTOCRÍTICA

Olhar para dentro de mim, criticamente, observar-me, identificar fraquezas e fortalezas foi o que caracterizou o processo de autocrítica. No início do preparo, perguntei-me: o que está me faltando para executar bem essa tarefa? O que preciso saber para conduzir esse grupo? A ideia central foi identificar as próprias limitações e me preparar para superá-las.

Quando soube que seria o comandante do BRABAT 23, busquei entender o que estaria por vir. Liderar 850 militares que integravam o Batalhão Brasileiro de Força de Paz no Haiti, cada um com sua realidade, sua diferença, sua personalidade, 850 indivíduos únicos. Esse era, sem dúvida, o elemento central do desafio que me aguardava.

No momento em que iniciei minha autocrítica, percebi que faltavam duas questões importantes a serem resolvidas. Primeira, eu precisava buscar mais informações sobre o país onde iríamos atuar, conhecer a respeito das pessoas que cruzariam nossos caminhos no Haiti. E, segunda, estudar mais acerca da missão que desempenharíamos.

Essa necessidade me foi, em grande medida, suprida pelos programas de preparação do Ministério da Defesa e do Exército. Palestras, cursos, estágios e orientações recebidas por meio do Centro Conjunto de Operações de Paz do Brasil foram muito bem ministrados. No entanto, sentia que precisava de mais conhecimento. Então, li diversos livros relacionados ao assunto, os relatórios dos BRABAT anteriores, documentos das Nações Unidas sobre a Missão e tudo o que pudesse colaborar com meu aperfeiçoamento intelectual.

Ainda não satisfeito, consegui, por intermédio do meu subcomandante, que uma funcionária da Presidência da República fizesse uma excelente palestra ao meu estado-maior[10]. Ela havia trabalhado no Haiti por oito anos como representante do governo brasileiro no assessoramento ao presidente haitiano. Naquele momento, aprofundei o conhecimento sobre os fatores políticos e psicossociais do Haiti. Ela nos explicou o conflito entre negros e mulatos, a cultura de violência da população e a influência do vodu em todos os aspectos da sociedade haitiana. Foi um dia muito proveitoso em nossa preparação.

Os relatórios de antigos comandantes do BRABAT também ajudaram, com várias lições aprendidas a serem absorvidas. Li cada detalhe. Observei as tarefas executadas pelos antigos comandantes e por suas tropas, como haviam sido realizadas e com quais dificuldades se depararam. Fiz minhas anotações, preparando-me intelectualmente para possíveis cenários no decorrer desse desafio em que logo eu embarcaria.

Embora a preparação intelectual estivesse em bom ritmo, identifiquei a falta de um conhecimento, de nível afetivo, fundamental para a condução da minha tropa na missão. Como funcionava a dinâmica dos relacionamentos interpessoais em uma missão dessas? Quais eram os eventos que mais estressavam a tropa? E quais mais a motivavam? Quais eram os comportamentos que se esperavam do comandante? Essas eram apenas algumas das questões que, ao fazer minha autocrítica, verifiquei que precisava das respostas.

Após doze anos de missão no Haiti, com certeza muitos ensinamentos haviam sido obtidos pelas tropas brasileiras. Eu não poderia negligenciar a experiência de meus antecessores. Como um profissional na tarefa de conduzir pessoas, não poderia repetir erros já cometidos e, ao mesmo tempo, nada justificaria não buscar repetir os acertos de oficiais brilhantes que haviam estado em meu lugar anteriormente.

---

10 Estado-maior é um grupo de assessores do comandante do batalhão. Sobre esse grupo, entrarei em mais detalhes na quarta lição.

Aproveitando os recursos que o Exército me disponibilizou, convidei uma psicóloga do Centro de Psicologia Aplicada do Exército (CPAEx) para ministrar uma palestra a meu estado--maior, a meus comandantes intermediários e a mim sobre questões relacionadas ao comportamento da tropa na missão. Nesse caso, o enfoque foi diferente daquilo que procurara ao ler os relatórios e todos os documentos: busquei o conhecimento comportamental. Eu desejava descobrir como haviam sido as questões de relacionamento interpessoal ao longo dos anos. Precisava, acima de tudo, conhecer a dinâmica psicológica, entender como funcionava dentro do batalhão e como vinha funcionando até ali.

Junto de cada contingente, o Exército enviava ao Haiti, por um período de cerca de dez dias, uma equipe de psicólogos para uma espécie de auditoria comportamental. Essa equipe aplicava uma série de pesquisas anônimas e de reuniões chamadas "dinâmica de grupo". Com isso, eles colhiam uma grande quantidade de dados que, após analisados, forneciam um panorama das questões de relacionamento pessoal no contingente avaliado.

Com os levantamentos realizados em mais de vinte contingentes anteriores ao meu, tive certeza de que esses profissionais poderiam me ajudar muito. Assim, a psicóloga enviada pelo CPAEx nos apresentou os dados colhidos ao longo de onze anos de missão. Com essas informações, somadas às retiradas dos relatórios e de outras fontes, parti para uma fase de entrevistas com antigos integrantes de contingentes que haviam estado no Haiti.

Essa foi uma fase essencial durante a qual ouvi testemunhos de histórias de sacrifício, heroísmo, profissionalismo e de amor ao próximo. Foi fantástico. Testemunhei relatos de comandantes que deram o exemplo frente ao perigo e que administraram crises extremas, como a do terremoto ocorrido naquele país em 2010 e de subordinados feridos em combate. Tive orgulho de

Palestra do CPAEx sobre os estressores e motivadores

pertencer ao Exército Brasileiro. Tudo o que ouvi me impressionou muito e me deu a verdadeira dimensão do desafio que seria comandar aquela tropa.

Foram cerca de 20 entrevistas com comandantes e subcomandantes de BRABAT anteriores, comandantes intermediários e com militares do estado-maior, nas quais levantei questões fundamentais sobre a dinâmica comportamental. Somente a partir desse momento identifiquei a superação da importante deficiência apontada durante minha autocrítica – a falta de conhecimento sobre dinâmica comportamental no BRABAT.

Com o estudo de todas essas informações colhidas de diferentes fontes, e já com uma ideia do que eu encontraria durante a missão, montei duas listas iniciais com fatores estressores. Bom, o que vem a ser isso? Estressores podem ser considerados eventos ou circunstâncias que, por suas consequências, influenciam negativamente o comportamento da tropa.

A seguir, listei alguns dos estressores permanentes que pude levantar – chamei de permanentes porque se apresentavam em todos os contingentes:

1. risco de morte e perigo de ser ferido;
2. péssimas condições de vida dos haitianos;
3. risco de contrair doenças;
4. confinamento na base;
5. falta da família e dos amigos.

Além desses, existem fatores estressores que podem aparecer em determinado contingente. Assim, compus uma segunda lista: a de estressores que poderiam atingir, de modo negativo, especificamente o meu pessoal. Aponto a seguir alguns desses fatores:

1. a tropa não perceber preocupação com seu bem-estar por parte do Comando;
2. má qualidade ou escassez de alimentação e/ou de água;
3. meios de comunicação com a família insuficientes (telefone e internet);
4. possível dificuldade do(s) superior(es) para tomar decisões cabíveis e adequadas;
5. possível distanciamento entre o comando e a tropa;
6. possível concessão de direitos diferentes para diversos graus hierárquicos;
7. contato com cadáveres e com restos mortais;
8. presenciar conflitos entre pessoas na base;
9. pouca oportunidade de lazer na base;
10. possível excesso de missões, carga excessiva de trabalho para a quantidade de pessoas empregadas e jornada de trabalho muito intensa, incluindo finais de semana.

Por outro lado, identifiquei fatores que afetavam a tropa de modo positivo. Meu estudo inicial me levou a formular uma lista baseada em pontos fortes que foram percebidos em cada batalhão, fatores de satisfação da tropa, os quais chamei apenas de motivadores. E montei uma extensa lista com pontos que deveriam ser explorados e maximizados por mim, enquanto comandante, em todos os níveis. Entre os fatores motivadores levantados, exemplifico os seguintes:

1. percepção de que o Comando se preocupa com meu bem-estar;
2. bons exemplos percebidos nas condutas de superiores hierárquicos;
3. respeito e valorização por parte de meus comandantes;
4. boa comunicação entre o comando e subordinados;
5. bom ambiente de relacionamento;
6. identificação de possibilidades de aprendizado com a missão;
7. sensação de estar realizando um trabalho nobre;
8. apoio da família;
9. boa integração com o grupo; e
10. vínculo emocional positivo com os haitianos.

Após todos esses estudos, e graças a uma autocrítica verdadeira, já me sentia mais confiante para dar os passos seguintes de minha preparação.

FORTALECENDO A CAPACIDADE DE AUTOGESTÃO: O PREPARO PSICOLÓGICO E EMOCIONAL

Mais que um preparo intelectual, também me preparei psicológica e emocionalmente para a missão. No momento da autocrítica, eu havia me perguntado: o que me falta emocionalmente para ter sucesso nesse desafio? Quais são as minhas vulnerabilidades emocionais? Nunca se deve esquecer do elemento afetivo que permeia a ação de liderar. Portanto, precisa-se estar muito bem emocionalmente para conduzir outros. O líder, por concepção, deve ser uma figura estável. Nos momentos de confusão, de conturbação e de tensão, o subordinado deve olhar para o líder e enxergar nele um porto seguro.

Essa construção psicológica é importante porque o subordinado buscará no comandante sua principal fonte de firmeza e de equilíbrio. O comandante não deve demonstrar fraquezas, particularmente no campo psicológico. Embora, como ser humano, todos tenham seus momentos de altos e baixos. Diante disso, se alguém pretende conduzir pessoas, deve saber se autogerir todo o tempo.

Em minha autocrítica, identifiquei que a experiência para liderar eu já possuía, principalmente por ter comandado tropas em várias situações ao longo dos meus quase 35 anos de carreira. O Exército havia me selecionado para essa nobre missão por meu desempenho anterior em situações difíceis. Eu me sentia qualificado para a missão, mas sabia que ainda devia melhorar.

Resolvi, então, buscar ajuda profissional, pois não podia subestimar o desafio. Contratei uma experiente psicóloga particular, por conta própria, não só para discutir questões psicológicas em relação à tropa, mas também para trabalhar questões pessoais. Durante as sessões, visualizamos situações diversas que poderiam ocorrer durante a missão e analisamos as condutas mais adequadas a serem adotadas. Tratamos sobre questões que diminuíssem os fatores de estresse, com base em tudo o que eu havia aprendido ao longo do preparo. Fatores motivadores também foram questões de debate.

Uma das questões principais que trabalhamos muito envolveu tomar decisões sob emoção, controlar impulsos e sentimentos, evitar decidir por impulso, movido pelo calor do momento, e buscar sempre tomar decisões da forma mais racional. Além disso, condicionei-me a deixar para decidir no dia seguinte ou até mesmo nos dias subsequentes todas as decisões não urgentes que tivesse de tomar. Principalmente as que envolvessem um apelo emocional que me deixasse chateado ou com raiva. Decidir sob emoção possivelmente me levaria a erros.

Quem analisa superficialmente a atitude racional pode até achá-la fria, desumana, mas o líder precisa agir desse modo. Ele não deixa de ter todos os sentimentos como qualquer ser humano, porém necessita controlar o impulso e a emoção para decidir racionalmente. O líder deve saber se autogerir, não há opção. Com certeza, esse é um dos pontos principais dessa primeira lição sobre liderança, ao lado da autocrítica.

Outra questão importante da autogestão relaciona-se ao humor do comandante. Saber gerenciar o próprio humor é de extrema relevância para o líder, pois o humor é contagiante, principalmente de cima para baixo. Muitas vezes eu estava cansado, havia tido um problema, mas não devia demonstrar.

O comandante, às vezes, comete o erro de ter um problema com determinado subordinado e, em seguida, começar a conversar com outro subordinado com a mesma expressão facial com que terminou a conversa desagradável anterior. Sem perceber, ele replica o problema. Quem busca liderar deve estar atento para não cometer esse erro.

Tão relevante quanto o gerenciamento do humor é o controle do pessimismo e das ideias negativas, próprias e dos subordinados. No Haiti, o convívio com a miséria extrema, fome, indiferença e outras tantas mazelas, naturalmente nos trazia pensamentos negativos e pessimistas. Por isso era importante adotar uma atitude positiva, olhar para aquela situação com otimismo e perguntar: o que eu posso fazer para melhorar? Como posso somar?

Mais que pensamentos e palavras, atitudes otimistas também devem ser foco de atenção, pois, se elas influenciam a si próprio, podem, da mesma forma, influenciar o outro. Isso também é contagiante. Por isso, é necessário trabalhar a própria motivação, identificando quando ela está baixa, e gerir isso o tempo todo. De forma semelhante, deve-se estar atento aos subordinados e valorizar condutas, histórias e pensamentos positivos. Tudo isso foi trabalhado durante a preparação.

Já no Haiti, a cada dia, quando acordava pela manhã, olhava no espelho e dizia para mim mesmo, não importando meu estado de humor, meu cansaço ou estresse: "vamos lá, sorria, porque tem um monte de gente esperando o seu sorriso aí fora. Tem um monte de gente precisando do seu otimismo e do seu bom humor". Eu me dizia isso todos os dias porque sabia que precisava contagiar meus subordinados. Eu saía para executar minhas atividades somente depois desse "ritual".

Além desses aspectos, outro que afeta bastante a todos que estão nesse tipo de atividade no "terreno" é a saudade da família, de namorado(a)s, de amigos. Esse é um fator de estresse que necessita de atenção. Autogerir-se em situações de tensão e, ao mesmo tempo, cuidar dos outros é tarefa para líderes qualificados.

MINHA MAIOR VULNERABILIDADE

Voltando para as questões pessoais que eu deveria gerir ao longo da missão, identifiquei uma vulnerabilidade minha que, se não a administrasse bem, poderia me levar a algum desequilíbrio emocional no Haiti.

Era a questão relacionada às minhas filhas. Naquele final de 2015, eu completara seis anos de divórcio, e cerca de cinco anos que criava minhas duas filhas sozinho. Elas tinham 19 e 17 anos. A mais velha havia recém-ingressado no curso de relações internacionais da Universidade de Brasília. A mais nova iria se formar no ensino médio em dezembro daquele ano, logo após a minha chegada ao Haiti, em novembro. Eu perderia a sua formatura e ficaria na missão justamente no período em que ela estaria estudando para o vestibular.

Deixar as duas sozinhas para ficar sete meses no Haiti não foi uma decisão fácil. Foram muitas noites maldormidas, meditando. Assim que eu recebi a informação de que estava no processo seletivo para comandar o BRABAT, reuni-me com elas e discutimos se eu deveria ir, e como seria se eu fosse o selecionado. Elas sabiam que, para mim, seria a realização de um grande sonho comandar o contingente brasileiro. Seria o coroamento de uma carreira construída conduzindo pessoas frente a desafios.

Por fim, o que me fez aceitar o desafio foi a confiança que sempre tive na responsabilidade de ambas. Em nossas conversas, elas foram convictas ao dizer que eu deveria ir. Que eu ficasse tranquilo, porque as duas saberiam se cuidar. Com isso, deixei minhas filhas no Brasil e segui para o Haiti com o coração na mão, porém, não sem antes adotar uma série de medidas que me deixariam mais tranquilo, como deixar um grande amigo a cargo de resolver qualquer emergência de saúde. É preciso também destacar o papel de apoio emocional que minha irmã, que morava na mesma cidade, desempenhou. Além disso, muitos outros amigos se prontificaram a ajudar.

Durante todo o período no Haiti, eu não tive qualquer problema com elas que me desviasse do foco na missão. Pelo contrário, ambas me apoiaram todo o tempo. No entanto, confesso que essa era a maior preocupação que tive durante aqueles sete meses. Todos os dias da missão eu pensava nelas. Na fase final da missão, a mãe delas, que mora em outro estado, veio a Brasília fazer companhia às filhas. Esse fato me deixou mais tranquilo.

Ao retornar ao Brasil, tive a grata satisfação de verificar que elas tinham se saído muito bem. Fiquei orgulhoso. Além disso, minha filha mais nova, após os sete meses que passou estudando para o vestibular, foi aprovada para o curso de Direito na Universidade de Brasília. E tudo sem a presença do pai. Considero que o êxito de minhas filhas foi uma de minhas maiores vitórias durante a missão. Por tudo isso, concluí que minha principal vulnerabilidade foi bem superada.

CONCEBENDO ESTRATÉGIAS PARA O COMANDO

Depois de realizar a autocrítica, quando busquei os conhecimentos que me faltavam, e desenvolver a adequada capacidade de autogestão, iniciei a concepção de estratégias para o comando.

Desde minha nomeação para o Comando do BRABAT, até o embarque para o Haiti, focalizei na elaboração de duas estratégias distintas que seriam os alicerces do meu comando. A primeira foi referente ao emprego operacional do batalhão, estratégia baseada na premissa de "manter um ambiente seguro e estável em nossa área de operações", principal missão a que fomos incumbidos, cujo enfoque era voltado para a pacificação de comunidades, controle de distúrbios civis, ajuda humanitária e apoio aos pleitos eleitorais que estariam por vir. Eu sabia que, com o pessoal altamente qualificado que fazia parte do meu batalhão, a execução dessas atividades não seria problema.

Não pretendo me aprofundar nessa primeira estratégia, porque ela não está relacionada diretamente ao propósito deste livro, por isso partirei para a segunda, voltada para a liderança. Essa sim era o meu maior desafio: conduzir 850 militares, entre homens e mulheres das três Forças Armadas, em situação de tensão e isolamento. Não seria tarefa fácil.

BUSCANDO O BEM-ESTAR DA TROPA

Minha estratégia de liderança tinha como um dos alicerces a linha voltada para o bem-estar da tropa. Eu realmente me importava com o bem-estar deles e queria que percebessem isso. A atuação sobre os estressores e motivadores caracterizou bem essa preocupação.

Os fatores estressores e motivadores que cataloguei, fruto da experiência dos contingentes anteriores, orientaram minhas ações e atitudes inicialmente, e foi nesse ponto que aquelas listas me ajudaram.

A estratégia de liderança voltada para o bem-estar da tropa consistiu, inicialmente, em planejar uma série de ações que neutralizassem ou minimizassem os estressores e maximizassem os motivadores. Dessa forma, ao serem planejadas ações que seriam desencadeadas, deveria confrontá-las com o seguinte fluxograma:

Caso a ação planejada minimizasse ou neutralizasse fatores estressores e/ou maximizasse os motivadores, deveria ser implementada. Caso contrário, recomendava-se que fosse descartada.

O trabalho foi minucioso e detalhado. O conjunto de ações implementadas caracterizou a estratégia. No entanto, é importante lembrar que ela havia sido baseada nos estressores e nos motivadores de tropas que haviam estado antes de nós.

Após dois meses de missão no Haiti, levantamos, por intermédio de pesquisas anônimas realizadas por nossa psicóloga, os estressores presentes em nossa tropa, o que permitiu ajustar o planejamento inicial para a necessidade real que estávamos vivenciando. A neutralização ou a minimização de estressores específicos do meu BRABAT e a potencialização dos motivadores foi, sem dúvida, um dos segredos do sucesso na missão.

Assim, foi possível desenhar uma fórmula na qual as decisões sempre levassem em conta as percepções e as sensibilidades específicas da tropa, materializada pelos estressores e pelos motivadores. Sempre que possível, decidia com base em meu *check list* de satisfação, então verificava: se eu tomar determinada decisão, que possíveis estressores podem ser acionados? Eu os verificava e olhava, também, os motivadores que poderiam ser utilizados. Assim, desenhei uma estratégia de como atuar, neutralizando os estressores e utilizando os motivadores.

Um exemplo disso foi a questão do "rancho"[11], cuja condução constituía um potencial estressor. Era um ponto extremamente sensível. Ciente disso, dei uma atenção especial ao pessoal que lá trabalhava. Se eles trabalhassem mal, toda a tropa sentiria a queda da qualidade das refeições. De fato, quando houve pequenas oscilações no desempenho da equipe, a tropa sentiu. Embora a turma do rancho fosse muito competente e dedicada, sua rotina de trabalho era cruel.

Todos os dias, eles eram os primeiros a acordar para a preparação do café da manhã. Por sua vez, só iam dormir depois de servir um lanche, que chamamos de "ceia", à última tropa que chegasse do patrulhamento noturno. Essa rotina seguia nos fins de semana. O efetivo da equipe não era grande, portanto, não se podia fazer um rodízio em boas condições. Ficou claro para mim que deveríamos tomar cuidados especiais com aquele pessoal, sob pena de todo o batalhão ser afetado. Esse era um dos ensinamentos colhidos com meus antecessores. E tomamos uma série de medidas visando a dar boas condições de trabalho a eles.

Entre as medidas tomadas, conforme experiências anteriores, pode-se destacar o jantar de domingo ser feito pela própria tropa, em suas áreas de lazer, não utilizando as instalações nem o pessoal do rancho. Isso conferia à equipe uma pequena folga

---

[11] Lembrando que esse é o termo utilizado na caserna para se referir ao refeitório e à cozinha.

no domingo à noite. Outra medida que adotamos foi liberar, de forma exclusiva, a equipe do rancho para, uma vez por mês, ir toda junta passar um dia na praia, devendo retornar apenas ao entardecer. Nesse dia todo o batalhão comia ração operacional[12].

A equipe do rancho se sentiu bastante prestigiada e valorizada por ser a única que possuía esse benefício. Além disso, seus integrantes perceberam que o comando do batalhão se preocupava com eles. Essas e outras tantas medidas permitiram que o nosso rancho apresentasse um alto rendimento no trabalho e, consequentemente, que a tropa mantivesse seu moral elevado por estar sempre bem alimentada.

No entanto, a questão da alimentação foi um tema tão sensível que as medidas citadas acima não foram suficientes para neutralizar totalmente esse estressor. Houve um episódio no qual tive de intervir diretamente para evitar que essa questão virasse um problema.

No quarto mês da missão, quando a tenente responsável pelo rancho tirou uma folga de uma semana, seu substituto adotou uma série de medidas que permitiram variar o cardápio e teve excelente receptividade por grande parte do batalhão. Por incrível que pareça, isso me gerou dificuldades porque, quando a tenente voltou, um grupo de militares, inclusive membros do meu estado-maior, pediram-me que a destituísse da função.

Ao avaliar o problema, verifiquei que, como toda e qualquer crise, aquela era uma oportunidade de liderança. Era uma oportunidade de não só melhorar o desempenho da equipe de rancho, como também fortalecer meus laços com todos os envolvidos na questão. Em primeiro lugar, eu não tinha dúvida de que não deveria destituir a tenente. Ela era trabalhadora e dedicada, além de exercer forte liderança sobre a equipe. Atender

---

12 É uma composição de itens desidratados (refrescos, bebidas quentes), liofilizados (macarrão instantâneo, risotos), termoprocessados (comida esterilizada, cozida, pronta para consumo) e outros complementos industrializados, como doces e biscoitos.

ao pedido seria prejudicar uma pessoa comprometida e colocar em risco o desempenho futuro dos rancheiros. Porém, tanto a tenente quanto toda sua equipe estavam sob forte pressão por não saberem qual seria a minha atitude perante a situação.

Resolvi fazer uma reunião na qual estiveram presentes toda a equipe de rancho, meu estado-maior e diversos outros atores que tinham relação com o problema. Comecei explicando que no meu comando as pessoas trabalhadoras jamais seriam punidas injustamente. Afirmei que muitos ali tinham algo a melhorar e que, ainda assim, eu não havia prejudicado nenhum deles. Sempre buscara corrigir as condutas indesejáveis por meio do diálogo e de orientações, uma vez que aquele era um grupo muito profissional, e assim deveria ser tratado. Enfatizei que, se havia algo a aprimorar, deveríamos aperfeiçoar nossos mecanismos de avaliação da satisfação, por meio dos quais poderíamos melhorar a qualidade da alimentação servida.

E assim foi feito. Como resultado de minha decisão, várias sugestões de melhoria foram incorporadas e a alimentação melhorou. Além disso, a equipe do rancho comprometeu-se ainda mais com o comandante, por gratidão da confiança depositada. A questão foi superada, as tensões diminuíram, a qualidade da comida melhorou e até o final da missão não tivemos mais crises sobre esse tema. A oportunidade foi aproveitada.

Outro exemplo de preocupação com o bem-estar da tropa foi a questão da aquisição de erva-mate. Minha tropa, por ser do Rio Grande do Sul, gostava muito de tomar chimarrão. Com isso em mente, conseguimos, no Brasil, por meio da competente equipe logística, ainda na fase de preparo, adquirir um contêiner com uma tonelada e 200 quilos de erva-mate e embarcamos no navio logístico rumo ao Haiti. Quando todo o batalhão chegou lá, o navio já havia descarregado o contêiner e tivemos erva-mate para praticamente todo o período em que estivemos na missão. Para mim, o importante foi ajudar a manter o moral dos meus subordinados sempre elevado e deixar claro à tropa o quanto nós, do comando do batalhão, nos preocupávamos com eles.

No entanto, nem sempre foi possível atender aos anseios da tropa. Muitas vezes a missão impôs a tomada de decisões impopulares. Cabe destacar que o comandante deve dar à tropa o que ela precisa, e não o que ela quer.

Um exemplo, entre muitos que poderia dar, foi o caso do rodízio da tropa que permanecia na Base de Cité Soleil. Essa base se localizava no interior da comunidade mais violenta do Haiti. Frequentemente, nossa tropa que lá estava, de efetivo de cerca de 130 militares, presenciava tiroteios entre gangues rivais, depois dos quais corpos em decomposição apareciam jogados nas ruas. Era um local tenso e imundo. O cheiro de podridão, junto à umidade do local e ao aspecto miserável da população, dava contornos grotescos ao ambiente. A tropa vivia confinada

Base de Cité Soleil

Base General Bacellar

nas instalações da base, que ocupava uma área de cerca de cem metros quadrados. A vida não era nada fácil.

Uma lição que eu havia aprendido nas entrevistas durante a preparação foi que, no meio da missão, por volta dos três meses, deveria ser feito um rodízio da tropa que permanecia nessa base. Depois de alguns meses lá atuando, a tropa começava a demonstrar uma série de sintomas de estresse. Assim, sua conduta poderia ficar mais agressiva e comprometer o andamento da missão.

Dessa forma, decidi que no início de março, quando completássemos três meses no Haiti, a companhia que lá estava seria substituída por uma que havia permanecido na Base General Bacellar. Interessante destacar que ambas as companhias foram contrárias à troca. A tropa queria ficar onde estava. Ambos os comandantes de companhia me pediram que não realizasse o rodízio, mesmo depois que lhes expliquei os motivos.

Assim é o ser humano, sempre reage às mudanças. Até mesmo alguns membros do meu estado-maior me perguntavam o porquê de fazer a troca se a tropa não queria. Expliquei-lhes que tropa tem de receber o que precisa, não necessariamente o que quer. A mudança foi feita e sentimos os efeitos positivos dessa decisão, que fora baseada em estudos, e não apenas no meu ponto de vista.

Esse não foi o único caso em que tomei decisões impopulares. No entanto, sempre que possível, busquei atender às demandas dos subordinados.

CONQUISTANDO A AUTORIDADE MORAL POR MEIO DA PRESENÇA NAS SITUAÇÕES DE RISCO

Na estratégia de liderança, além da linha voltada para o bem-estar dos subordinados, estabeleci uma segunda linha – a conquista da autoridade moral para liderar a tropa. Além de tomar atitudes moralmente corretas perante os subordinados no dia a dia, o foco da minha conduta seria estar presente ao máximo em situações nas quais a tropa poderia correr risco de morte.

Correr risco junto aos subordinados une o comandante ao grupo. Cada organização possui os valores que lhe são mais sagrados. Nas Forças Armadas, o exemplo frente ao perigo é um valor de extrema importância. Eu sabia disso e estava convicto em aproveitar cada oportunidade.

Importante também considerar que o Centro de Psicologia Aplicada do Exército, em suas pesquisas com os militares de BRABAT anteriores, havia constatado que a segurança pessoal era fator de grande preocupação, principalmente quanto ao risco a que todos estavam submetidos, como possibilidades de tiroteios ou até desastres naturais – lembrando que, dos 21 brasileiros mortos no terremoto de 2010, 18 eram militares do Exército.

Podia ver claramente, no rosto dos meus homens, quando havia alguma ansiedade acima do normal. A exposição ao risco é algo que mexe com aspectos emocionais da tropa. Por outro lado, a presença dos comandantes, em todos os níveis, gera uma clara sensação de confiança nos subordinados.

Por causa disso, decidi que, dentro do possível, todas as vezes que eu desse uma ordem com grau de risco mais elevado do que o normal, estaria presente na execução, dando o exemplo.

Realmente, situações de risco vieram a ocorrer em solo haitiano. Por isso, estive lá, com a tropa, na linha de frente, junto a meus subordinados. Aproveitei várias oportunidades e isso contribuiu para que eu ganhasse a confiança da tropa. Como tudo foi estrategicamente planejado e executado, os resultados desejados foram alcançados.

Mais adiante, quando abordar a questão do "exemplo" como elemento central da liderança, narrarei algumas das situações de risco nas quais tive oportunidade de estar presente.

EM SÍNTESE

Para fechar esta primeira lição, reafirmo que é de grande importância se preparar adequadamente para liderar. Tomar decisões baseadas em dados e em estudos aumenta ainda mais a possibilidade de êxito. Decidir de forma improvisada, baseado no sentimento, só deve ser feito caso a situação tenha sido totalmente imprevisível. Raramente uma improvisação será melhor que um bom planejamento.

Se tivesse ido ao Haiti sem ter feito toda essa preparação pessoal, com certeza não teria antecipado alguns importantes acontecimentos. Poucas foram as situações por quais passei que me surpreenderam. No calor do momento, na hora de tomar decisões difíceis, a situação de saber que tal fato já ocorrera antes, e ter a consciência de seus impactos na tropa e na missão, muito me ajudaram a decidir. Não se justificava aprender com os próprios erros quando tantos estiveram lá antes.

Por fim, cabe relembrar que uma profunda preparação para liderar passa por dois pontos centrais: primeiro, por uma **autocrítica**, na qual quem se propõe a conduzir pessoas, com humildade, vai se perguntar o que é que lhe falta e buscará; e o segundo é fortalecer a capacidade de **autogestão** de seus atos e pensamentos durante a prática do comando. Portanto, quem pretende liderar deve se preparar para se autogerir durante o período em que estiver comandando.

Nas lições seguintes compartilharei vários episódios ocorridos ao longo da missão, por meio dos quais o leitor terá uma compreensão melhor acerca da execução da estratégia de liderança ao longo de toda a missão.

Ambiente em Cité Soleil

A segunda lição

ATUE SOBRE AS INFLUÊNCIAS DO AMBIENTE

Enquanto permaneciam no pesado silêncio, eles sabiam que havia apenas uma praga maior do que a hostilidade do mundo – sua indiferença. (C.M. Rayne)

Patrulha a pé em Cité Soleil

O fenômeno da liderança acontece em determinado contexto. Uma dinâmica de relação que pode dar certo em uma situação talvez não tenha o mesmo resultado em outra. Portanto, sempre existirá a influência do ambiente que envolve líderes e liderados, condicionando-os sob vários aspectos.

Ao longo de minha carreira, vi chefes que lideraram de forma espetacular grupos em situação de crise, mas que, ao conduzir pessoas em rotinas administrativas, não obtiveram bom resultado. Como o contexto era outro, a dinâmica da relação mudara, e a forma de conduzir o grupo deveria ser outra. Como nesse exemplo, se o chefe não enxerga as influências que o novo ambiente produz na relação de liderança, estará fadado ao fracasso.

Consciente da importância das influências do ambiente sobre os componentes do BRABAT, no contexto de minha futura missão, busquei, desde a preparação, ao estudar as tropas que me antecederam, mapear as referidas influências e identificar seus impactos sobre a dinâmica das relações de liderança. Mais adiante, ao longo do tempo em que estive no Haiti, verifiquei *in loco* o peso que aquele ambiente adverso exerce sobre nós. Embora houvesse influências positivas sobre a tropa, as negativas predominavam.

Com isso, compartilho, aqui, a segunda lição sobre liderança: quem se propõe a liderar tem de atuar sobre as influências negativas do ambiente para neutralizá-las ou, pelo menos, para minimizá-las. No caso das positivas, potencializá-las.

LONGE DE CASA

Um aspecto que sempre impactou o nosso pessoal foi o fato de estarmos longe de nossa pátria, afastados da família. As pessoas não têm o hábito de ficar afastadas por muito tempo dos entes queridos. Ao conversar com a tropa, verifiquei que a maioria dos cabos e dos soldados só estava acostumada a passar, no máximo, um pequeno período de férias longe. Ficar afastado por sete meses, incluindo períodos sensíveis como o do Natal e o do Ano-Novo, seria uma novidade capaz de impactar negativamente o pessoal.

Para viajar de Porto Príncipe até o Rio Grande do Sul, onde vivia a maior parte de nossa tropa, demorava cerca de 20 horas. Além disso, grande parte de nosso pessoal ainda teria de viajar para casa, no interior do estado. Essa viagem custava cerca de mil dólares. Portanto, o tempo gasto, aliado ao valor das passagens e ao curto período de folga, desestimulava muitos a passar algum tempo em casa.

Com isso, a maioria dos cabos e dos soldados, além de muitos sargentos e alguns oficiais, preferiu não viajar ao Brasil durante a missão. Aqui cabe relatar a conduta de uma vendedora brasileira de passagens aéreas, de uma empresa de Miami, EUA, que sempre nos ajudava nas situações de emergência. Diversas vezes a acionamos na madrugada e nos fins de semana e recebemos resposta imediata. Ela realmente se importava com nossa tropa e a tratava com muito carinho. Somos muito gratos a todo o apoio recebido nos momentos difíceis.

Voltando ao tema da saudade do lar, ciente de que a falta de convivência com a família seria um fator presente, resolvemos atuar sobre esse aspecto de forma proativa. Estabelecemos uma estratégia para aproximar as famílias, no Brasil, de nossas atividades corriqueiras no Haiti. E como fizemos isso?

Entrega do gorro azul com os familiares

A primeira ação foi cerca de dois meses antes do embarque da tropa. Em cada uma das 9 cidades em que havia treinamento[13] organizou-se uma formatura[14], na qual foi entregue o gorro azul, símbolo da ONU, oportunidade que aproveitamos para ministrar duas palestras às famílias dos militares selecionados para compor o BRABAT 23.

A primeira palestra visou explicar como se desenrolaria a missão, e a segunda, como funcionaria o Núcleo de Apoio à Família, que seria montado em cada uma dessas 9 cidades. Tratava-se de um programa gerenciado pelo comando da 8ª Brigada de Infantaria Motorizada, cujas equipes possuíam o contato de todas as famílias dos militares daquele quartel que

---

13 É importante esclarecer que a primeira fase de instrução se dava separadamente, isto é, cada militar realizava essa etapa no quartel em que servia.

14 Formatura é o evento no qual a tropa se dispõe de forma ordenada. Normalmente, os militares se posicionam em pé e alinhados.

estariam em missão no Haiti, e, caso houvesse alguma necessidade por parte dos familiares, seria prestado o devido apoio.

Por exemplo, quando estávamos no Haiti, uma esposa grávida necessitou marcar uma consulta no Hospital Militar em Porto Alegre. Ela fez contato com essa equipe no quartel, a qual não apenas marcou a consulta, como também fez o acompanhamento da mulher junto ao hospital. Essa equipe estava em condições de dar suporte a problemas de todas as naturezas, não apenas em casos de saúde, e assim o fez durante toda a missão.

Houve também diversos casos de emergências médicas em que a equipe atuou prontamente no apoio à família. Além disso, as famílias eram convidadas para as festividades que ocorriam no aquartelamento e, durante esses eventos, o comandante estabelecia contato com elas, explicava o que se passava no Haiti, transmitia mensagens positivas e, com isso, tranquilizava-as.

Outra ação de impacto envolveu o envio de uma carta[15] para cada família. Todos os soldados, quando terminaram o treinamento, levaram uma carta que redigimos para suas famílias. Nelas, falamos da importância do apoio aos seus filhos durante a missão e, principalmente, estabelecemos contato com as pessoas. Tratamos basicamente da questão motivacional e do apoio moral que precisávamos no período em que estaríamos em solo haitiano.

Logo que chegamos ao Haiti, percebi que alguns militares ficaram muito afetados. O período natalino potencializava essa situação. No entanto, como isso não era nenhuma surpresa para nós, entramos prontamente em ação. Utilizando-nos de lições aprendidas com os batalhões que estiveram antes de nós, criamos uma página no Facebook, a qual chamamos de "Família BRABAT 23", bem como o "Brabagram", nossa página no Instagram – um excelente trabalho feito por nossa comunicação social.

---

15 Entraremos em mais detalhes sobre essa carta na quinta lição, quando trataremos da Comunicação entre Líder e Liderados.

Na verdade, nossa equipe já havia estruturado essas mídias sociais antes de irmos para o Haiti. Com isso, convidamos os familiares a se integrarem conosco por meio delas, fato que aconteceu rapidamente e se manteve ao longo de toda a missão. Por meio das redes sociais, passávamos mensagens construtivas, postávamos vídeos e fotos, tudo para que os familiares sentissem orgulho dos que estavam em missão no Haiti e tivessem uma imagem positiva do nosso trabalho.

Eu sabia que a energia positiva que enviávamos iria voltar quando o soldado, por meio do Skype, do Facetime ou do WhatsApp, fizesse contato com a família e, como estes estariam felizes e satisfeitos com o filho que estava no Haiti, lhes transmitiriam de volta suas percepções positivas. Assim, criamos um ciclo virtuoso que atuava afetivamente sobre a tropa. Dessa forma, por intermédio das mídias sociais, minimizamos muito a influência que a distância da família causava sobre a tropa e, ainda, usamos esse fator para motivar os nossos subordinados.

Entretanto, para que executássemos tudo o que planejamos, seria necessário contar com uma internet de boa qualidade, e essa foi uma grande preocupação durante toda a missão. Algumas vezes, quando tínhamos problemas com a rede de dados, notei que a tropa ficava ansiosa ao perder o contato com a família. Cabe relembrar que, nas pesquisas de avaliação psicológica que havíamos estudado no período de preparação, a questão da dificuldade de contato com a família aparecera como um estressor importante; assim, esse velho problema não nos surpreendeu.

Cientes disso, realizamos um grande esforço e investimento. Atuamos sobre os contratos com as empresas prestadoras de serviço e também sobre parte física do problema, o que envolvia melhorias em cabeamento e equipamentos. Esse foi um trabalho muito bem realizado pela equipe de Comando e Controle, responsável pelo tema.

Outra ação de impacto desenvolvida para minimizar a distância da família foi trabalhar para estimular ao máximo o espírito de corpo de nossa tropa. Tínhamos em nossa estrutura de organização as companhias, os pelotões e os grupos de combate. Então, buscamos incentivar que o máximo de atividades fosse realizado dentro dessas frações constituídas.

Não só as atividades operacionais como patrulhas, operações e outras ações eram realizadas com esses grupos, mas também afazeres cotidianos ou mesmo atividades de lazer. O desenvolvimento desse espírito de corpo contribuiu para que se criasse uma sensação de família entre nós, o que atenuou a distância do lar.

O AMBIENTE NAS BASES

Como dito anteriormente, a nossa tropa vivia em um ambiente de confinamento. Eram três bases onde estávamos alojados: a base General Bacellar, que comportava a maior parte da tropa do Exército; a base Raquel de Queiroz, onde ficavam os fuzileiros navais; e na comunidade de Cité Soleil havia uma terceira base, onde ficavam aproximadamente 130 militares. Em geral, os militares só poderiam sair de suas respectivas bases para "cumprir missão", e eram obrigados a retornar tão logo terminassem a tarefa. Dessa forma, todas as outras atividades, como as esportivas ou as de lazer, aconteciam dentro das bases.

Tínhamos apenas dois momentos de exceção: aos sábados, um ônibus levava os interessados a um supermercado em horários específicos de saída e de retorno, para que comprassem mantimentos não fornecidos pela ONU ou pelo BRABAT, como chocolate, refrigerante, salgadinhos e até mesmo alimentos mais sofisticados que desejassem; e, aos domingos, era permitido a um grupo de militares ir a uma praia predeterminada, também com restrições, por exemplo em relação ao consumo de bebidas alcoólicas ou ao contato com haitianos. Esse grupo saía pela manhã e retornava no final da tarde, após o dia de lazer e relaxamento – lembrando que o dia a dia da missão era estressante, por isso esses momentos de descanso se faziam tão importantes.

Outro momento em que os militares poderiam deixar a base era no período de folga, o *leave*, que se poderia chamar de férias, pois consistia em 30 dias que dividíamos em geral em três partes. Um ponto a se destacar é que, nesses períodos de *leave*, muitas vezes, o militar resolvia ficar de folga na base para não gastar dinheiro. Sair do Haiti, fosse para Miami ou para a República Dominicana (os dois destinos mais próximos), era relativamente caro, e quem estava de folga possuía apenas duas opções: sair do país ou permanecer na base.

Estando na base, mesmo em períodos de folga, todos ficavam sujeitos às mesmas regras. Então, muitos acabavam permanecendo os quase sete meses confinados, aumentando ainda mais o nível de estresse e, consequentemente, as preocupações do comandante. Não era permitido gozar a folga no Haiti. Essa regra do nosso contingente tinha o objetivo, entre outros aspectos, de evitar que houvesse qualquer tipo de relação sexual entre integrantes da tropa e haitianos.

Éramos bem rígidos quanto a isso. Para a ONU, essa relação seria considerada, formalmente, um abuso sexual. Mesmo uma relação consentida por ambas partes não era autorizada por ser considerada assédio presumido, na medida em que o militar possuía algum tipo de poder sobre o haitiano. O uso de armas e a diferente condição financeira geravam o abismo de poder entre o militar e a população.

E, sob esse aspecto, devemos ter orgulho de nossas Forças Armadas. Ao longo dos 13 anos em que a tropa atuou no Haiti, mais de 30 mil militares nossos passaram por lá e, até o encerramento da missão em 2017, não houve nenhum caso comprovado de abuso sexual por parte da tropa brasileira. Mesmo com toda a fiscalização e apuração de denúncias que a ONU realizava, nada maculou a nossa tropa.

Logicamente, essa conduta adequada não foi fruto somente das restrições impostas. A rigorosa seleção do pessoal, aliada ao enfoque dado nas instruções, desde a preparação no Brasil, e à ação de comando em todos os níveis hierárquicos, muito contribuíram para o comportamento profissional adotado.

Outro ponto que gerava tensão consistia no fato de que, como as bases eram consideradas quartéis para todos os fins, não se permitia haver relações sexuais no seu interior. Era uma questão legal prevista no Código Penal Militar. E, como a tropa só podia sair nas folgas, esse tipo de relação só poderia ocorrer nesses momentos.

No entanto, as limitações impostas pela missão não paravam por aí. Outra restrição se referia ao consumo de bebidas alcoólicas. Qual era o problema da ingestão dessas bebidas, mesmo nos finais de semana? Como atuávamos durante as 24 horas do dia, todos os dias da semana, poderíamos ser acionados a qualquer momento. Algumas vezes, fomos acionados pelo comando do Componente Militar e tivemos de colocar a tropa na rua em até 30 minutos.

Não se poderia admitir que qualquer militar saísse da base portando armamento sob o efeito de álcool. Por essa razão, estabelecemos uma cota, bastante baixa, de bebida alcoólica a ser consumida em atividades sociais, que, inclusive, terminavam no máximo às 11 horas da noite, horário em que a tropa se recolhia para o seu descanso. Mais ao final da missão, prorroguei o término do horário das reuniões sociais de sábado para a meia-noite.

Todas essas restrições eram mais um fator de estresse. Portanto, tentávamos neutralizar essa influência do ambiente sobre os integrantes do BRABAT. Nos finais de semana, os instrumentos musicais levados pelos militares alegravam as bases com boa música. Durante a semana, mesmo para os que não estavam de folga, era dado um momento diário para a prática de atividades físicas, o que contribuía, também, para baixar o estresse e a ansiedade.

Providenciávamos uma série de atividades de lazer para a tropa e, particularmente, para quem estava de folga e ficava ocioso. Tínhamos o Cine BRABAT com sessões de cinema organizadas no auditório; incentivávamos atividades desportivas e o uso de nossa academia de ginástica, muito bem equipada.

Implementamos, ainda, o passeio cultural focado nas histórias das ações dos BRABATs no país. Nesse evento, os militares que estavam de folga saíam da base, em um ônibus nosso, e percorriam os locais em que havia ocorrido combates, bem como antigas bases que a tropa brasileira ocupara no passado. Sempre havia um militar que narrava as histórias. Essa atividade, desenvolvida por nossa equipe de comunicação social, não só interessava à tropa como também a motivava muito. Entre as festas realizadas, enfatizo, aqui, a de Natal. Havíamos levado do Brasil um pequeno presente para todos (uma bolsa e uma garrafa plástica, ambas com o logo do batalhão, até mesmo para incentivar a prática esportiva). Na noite de Natal, o adjunto de comando, meu subcomandante e eu percorremos todo o contingente, junto a militares vestidos de Papai Noel e de Mamãe Noel. Visitamos todas as companhias, a guarda e os postos das sentinelas que estavam de serviço naquela noite, distribuindo os presentes.

Fizemos uma ceia de Natal para todos e também gravamos um vídeo para postarmos em nossas mídias sociais a fim de mostrar às famílias no Brasil como estávamos bem. Nossa diretriz para todos os eventos dessa festa consistia em não dar enfoque a questões como saudade do Brasil ou qualquer outra ideia capaz de entristecer a tropa. Pelo contrário, a linha mestra da mensagem transmitida eram pontos positivos, como nossa felicidade pelo trabalho que estávamos prestando, levando esperança ao Haiti, e nosso esforço para melhorar a vida daquele povo sofrido.

Outro aspecto ao qual dávamos muita atenção era o pessoal que estava com problemas de saúde, particularmente os internados, tanto em nossa enfermaria, quanto no hospital argentino[16]. Assim, praticamente todos os dias, visitávamos esse pessoal e verificávamos as condições de tratamento que estavam recebendo e se necessitavam de algo. Nos casos mais graves, quando os militares eram levados para hospitais de nível mais elevado, na República Dominicana, sempre enviávamos um acompanhante junto, para prover todo o apoio emocional e material ao companheiro.

O risco de contrair doenças era um aspecto que preocupava muito a nossa tropa. Havíamos tido, no histórico da participação do Brasil nessa missão, casos de filariose (ou elefantíase, como é mais conhecida) e casos de malária, dengue e *chikungunya*. Isso em contingentes brasileiros anteriores. A tropa havia recebido uma boa instrução sobre o tema no Brasil, antes de embarcar, principalmente quanto a medidas profiláticas.

Quando saíamos, sempre estávamos com a camisa do uniforme com a manga comprida abaixada, cobrindo os braços até o punho; usávamos repelente o tempo todo; e nossa equipe de veterinária passava duas vezes por dia o "fumacê", um composto em forma de fumaça, como uma nebulização, com inseticida, cujo objetivo era eliminar os mosquitos dentro das bases e adjacências, em especial o *Aedes Aegypti*, transmissor da *Chikungunya* e da dengue. Mesmo com todos esses cuidados, tivemos, em nosso contingente, um caso de

---

16 O hospital que apoiava as tropas da ONU no Haiti era uma unidade militar argentina. Quando o problema de saúde ia além de suas capacidades, o enfermo era encaminhado a um hospital de maior porte na República Dominicana.

malária e dengue, no mesmo militar, que foi tratado adequadamente e se recuperou sem sequelas.

O AMBIENTE EXTERNO

A região de Porto Príncipe e seu entorno eram a nossa área de atuação. Como a missão da tropa implicava manter o ambiente seguro e estável no país, tínhamos de frequentar com predominância os locais de maior violência, que, muitas vezes, coincidiam com os lugares mais pobres. Como consequência, nossos militares tinham contato permanente com a miséria, a violência e o sofrimento dos haitianos, particularmente na comunidade de Cité Soleil, que contava com cerca de 300 mil habitantes. Seus moradores não possuíam luz elétrica, água potável, saneamento básico nem coleta de detritos, o que deixava muitas residências permanentemente cercadas por lixo.

Um episódio que trouxe à luz da opinião pública brasileira essa situação crítica de Cité Soleil foi a visita do apresentador Luciano Huck ao BRABAT 23, nos dias 1 e 2 de junho de 2016. No programa "Caldeirão do Huck", que foi ao ar em 16 de julho daquele ano, ele mostrou ao Brasil a impressionante situação de miséria que aquele povo caribenho vivia.

Ao chegar à nossa base, no início de sua visita, fomos imediatamente à minha sala, onde acertamos as atividades que seriam realizadas e tratamos de explicar-lhe as peculiaridades de nossa missão. Em seguida, Luciano Huck perguntou se poderia ter contato com a tropa, o que foi imediatamente autorizado. Assim, ele pôde conversar com o nosso pessoal e gravar uma série de entrevistas. Nesse momento, chamou-me atenção a simpatia e a rapidez com que Luciano estabeleceu um excelente canal de comunicação com todos. Os diálogos eram realmente divertidos e descontraídos.

Posteriormente, ele me solicitou participar de uma patrulha em Cité Soleil. Alertei dos riscos que qualquer entrada naquela comunidade acarretava, mas, mesmo assim, ele e sua equipe se mostraram irredutíveis no desejo de realizar essa aventura.

Então, acertamos todas as medidas de segurança para o evento, como o uso de equipamento de segurança e como proceder em caso de algum tiroteio e, na sequência, nos unimos a um pelotão de fuzileiros que estava prestes a sair para aquela comunidade.

Ao chegar em Cité Soleil, lembro-me bem de que dois aspectos o impressionaram. A primeira foi a forma carinhosa como a população e em particular as crianças nos tratavam. Lembro-me dele gritando pra mim: "nossa, como eles amam vocês!", no mesmo momento em que tirava fotos cercado de crianças risonhas. A boa relação de nossa tropa com os haitianos sempre impressionava os visitantes. Era algo construído desde os primeiros contingentes que ao Haiti chegaram e cabia a nós mantê-la assim.

Em Citè Soleil com Luciano Huck

No entanto, o segundo aspecto que o impressionou não foi algo agradável. A situação de extrema miséria em que aquele povo se encontrava deixou Luciano Huck transtornado. Crianças nuas, brincando no lixo, cercadas de porcos em um cenário de profunda pobreza era algo forte de se presenciar.

Lembro-me de, ao voltar da patrulha, ele ter comentado, visivelmente impressionado, que aquele povo, o qual possuía padrões africanos de miséria, vivia a apenas uma hora de voo dos Estados Unidos da América, a nação mais próspera do mundo. Era uma contradição chocante. Fiquei feliz em ver que alguém tão famoso e influente se importava e demonstrava sensibilidade para tudo aquilo. Mais contente ainda fiquei quando ele apresentou todas essas questões em seu programa no Brasil.

Se, por sua vez, alguém que realizou uma patrulha em Cité Soleil se impressionou tanto, nossa tropa, que ali vivia, não tinha como não se afetar com tudo aquilo. Para se ter uma ideia do ambiente violento em que vivíamos, vou narrar alguns episódios que ocorreram no início da missão.

O BRABAT 23 assumiu a sua área de responsabilidade em 3 de dezembro e, já no dia 7, uma patrulha nossa encontrou um cadáver na estrada, um homem que, pelo estado do corpo, havia sido atropelado diversas vezes. No dia 15, encontramos um outro, mas morto com um tiro de fuzil que lhe havia atravessado a cabeça. No período de 4 de janeiro a 6 de fevereiro, por seis vezes nossa tropa encontrou cadáveres nas ruas de Cité Soleil. Inicialmente, pensávamos que alguns haviam sido mortos por atropelamento, mas posteriormente os próprios haitianos nos explicaram que eles jogavam os cadáveres na rua para que a tropa brasileira providenciasse o seu recolhimento.

Por isso, quando os encontrávamos, apesar de terem sido, em sua maioria, mortos por armas de fogo, os corpos haviam sido atropelados várias vezes pelos carros que passavam. A população fazia isso para evitar que os corpos, quando deixados nos becos, fossem devorados pelos grandes porcos que as pessoas tinham o hábito de criar.

Destaco aqui uma das cenas que mais me chocaram: um dia, eu acompanhava uma patrulha e vi uma criança comendo um biscoito feito de barro. Embora eu já tivesse ouvido a tropa falar sobre esses biscoitos, não podia crer no que estava vendo, então cheguei perto da mãe da criança, que preparava outros biscoitos daqueles e lhe perguntei se realmente eram de barro. Com a ajuda de um intérprete, ela me disse que sim, que era um biscoito feito com barro e um tipo de óleo.

Mesmo já tendo vivenciado padrões extremos de miséria brasileiros, isso foi algo que mexeu comigo. Aquela imagem me acompanhou por muito tempo, com toda a carga emocional que provocou. Como pai que sou, não pude evitar o pensamento de imaginar minhas filhas passando por aquela situação. Uma criança se alimentar de barro era realmente algo inaceitável.

Não havia como não sermos afetados por tudo que víamos e presenciávamos. A sujeira, a miséria e a violência das ruas gradativamente elevavam os nossos níveis de estresse. Para minimizar esse choque de realidade, sempre que me dirigia à tropa, procurava fazer uma abordagem positiva da situação, dizendo que éramos a esperança, a luz daquele povo, os anjos da guarda que ali estavam. Eu evitava abordar o lado negativo do que presenciávamos.

Os efeitos do ambiente externo, porém, eram muitos e intensos. Lembro-me bem do dia em que o meu pessoal substituiu a tropa do BRABAT 22 em Cité Soleil. O comandante da companhia, assim que chegou à base, enviou-me, por WhatsApp, um áudio gravado, no qual se podia ouvir, ao fundo, o barulho do forte tiroteio que ocorria nas adjacências da base, no momento em que a tropa chegava ao local. Até hoje guardo comigo esse áudio. Foi o primeiro contato daquela tropa com Cité Soleil, onde passariam os três meses seguintes. Aquela recepção foi algo realmente impressionante, e não havia como não gerar na tropa um alto nível de ansiedade.

Outra situação curiosa ocorreu na região chamada Projeto Drouillard, que abrigava um dos pontos de votação ao Norte de Cité Soleil. Era período eleitoral e a gangue que controlava a região vizinha, Boysneuff, queria tomar o controle e dominar a área de Projeto Drouillard, pois quem dominasse o local teria o domínio das urnas e dos votos dos eleitores no pleito para a Presidência do país. Aquele constituía o principal confronto que estava gerando mortos em Cité Soleil.

Como responsáveis por aquela área, resolvemos intervir. Começamos a realizar uma série de patrulhas na área dos conflitos, entrando como um terceiro ator no conflito. Em 10 de dezembro de 2015, sob a escuridão de uma noite sem lua, estávamos fazendo uma patrulha em Projeto Drouillard e nos deparamos com nosso primeiro confronto: fomos alvejados. A nossa tropa reagiu, mas quem havia disparado fugiu na escuridão. Não houve feridos de nenhum lado. Mais adiante, na sexta lição, esse episódio será detalhado.

Poucos dias depois, no dia 14, na mesma região de Projeto Drouillard, durante outra patrulha, uma tropa nossa que se encontrava no local foi chamada pela população, porque a mesma gangue de Boysneuff estava invadindo novamente a região. Nossa tropa se deslocou para o lugar do conflito, onde já ocorria troca de tiros entre as gangues. Com a chegada de nossos militares, a gangue de Boysneuff embarcou em motocicletas e fugiu rapidamente pelas vielas do bairro.

Um caso marcante ocorreu em 16 de dezembro, durante uma manifestação próxima ao aeroporto de Porto Príncipe, com cerca de 200 pessoas, contra o Governo do país e contra a MINUSTAH. Um veículo do BRABAT havia saído para realizar algumas compras, transportando um sargento, um intérprete haitiano e dois soldados que faziam a segurança, armados cada um com uma escopeta, calibre 12 – com munição não letal – e o sargento com uma pistola 9 mm. Quando a manifestação começou a se aproximar do aeroporto, formou-se um grande congestionamento que obrigou o veículo a parar.

Os manifestantes, ao identificarem o veículo do BRABAT, que possuía o símbolo da ONU estampado no capô, avançaram sobre os nossos militares. A Polícia Nacional do Haiti, que atuava na segurança do local, omitiu-se e nada fez para proteger o nosso pessoal. Foi uma chuva de pedras, e um dos nossos soldados se feriu levemente. Porém, quando a multidão chegou perto, os soldados efetuaram três disparos com a munição de borracha da escopeta, e um dos tiros acertou o peito de um dos manifestantes, que caiu e fez a multidão parar o avanço.

Foi o tempo suficiente para que o veículo subisse a calçada e saísse do local. Esse incidente me deixou apreensivo, porque o nosso pessoal trafegava em uma área considerada das mais seguras de Porto Príncipe. Fiquei pensando que, por muito pouco, algo bem pior poderia ter acontecido. Se a multidão tivesse de fato alcançado o nosso veículo, poderia ter ocorrido um grave confronto, com o uso, inclusive, de armamento letal contra os manifestantes, além da possibilidade de ter acarretado algum ferido entre nossos militares.

Outro episódio que caracteriza o contexto em que vivíamos ocorreu no dia 18, dois dias depois da referida manifestação, quando completávamos apenas 15 dias de missão no país. Esse foi um incidente que vivi pessoalmente. Eu acompanhava uma patrulha noturna em Cité Soleil e me encontrava no primeiro veículo da coluna que se deslocava. De repente, observei, em meio à escuridão das ruas da comunidade, uma coluna com cerca de 15 pessoas que caminhava e, guiando a coluna à frente, uma pessoa empurrava um carrinho de mão.

Quando nos aproximamos, vimos que, dentro do carrinho, havia uma mulher grávida, gemendo de dor. Então, descemos do veículo e os haitianos vieram em nossa direção, pedindo que socorrêssemos aquela senhora que se encontrava no oitavo mês de gravidez e havia sido atropelada por uma motocicleta que passara por cima de sua barriga. A mulher estava tendo contrações, gemia e sofria muito.

Em nosso grupo, tínhamos um soldado padioleiro que possuía noções de enfermagem. Ele examinou a moça e levantou a hipótese de ter de realizar o parto dela ali mesmo se não a levássemos imediatamente a um hospital. Imediatamente telefonamos para o hospital público mais próximo e solicitamos uma ambulância. Para a nossa surpresa, quem atendeu o telefone disse que eles não enviavam o serviço de emergência para aquela região, pois era uma área muito perigosa. Argumentei que poderíamos enviar uma tropa para escoltar a ambulância, mas o haitiano desligou o telefone.

Salvamento da senhora grávida

Em seguida, ligamos para a Polícia Haitiana, que também se recusou a entrar em Cité Soleil à noite, mesmo com a nossa proteção. Assim, tive de tomar uma decisão, contrariando a norma da ONU que proibia que civis feridos fossem embarcados em viaturas operacionais do batalhão. Eu não podia permitir que aquela senhora falecesse em nossas mãos por causa dessa regra. Determinei que ela fosse colocada em nossa camionete e levada ao hospital público.

Foi nesse momento que sofri outro choque de realidade: o marido da senhora atropelada, que também havia embarcado em nosso veículo, pediu-me desesperadamente que não a levássemos àquele hospital. Ele alegou que, no hospital público, a equipe médica iria pedir propina para manter sua esposa viva e, como ele não tinha dinheiro, os médicos a deixariam morrer. Fiquei tão chocado com aquelas palavras que demorei para acreditar que aquilo fosse possível. No entanto, o pânico que o haitiano demonstrava me fez crer que ele de fato acreditava no que falava.

A única opção que nos restava era levar a senhora ao hospital dos Médicos sem Fronteiras. No entanto, sabíamos que aquele estabelecimento tinha como política não receber feridos levados por tropa militar, pois buscava transmitir a todos a ideia de imparcialidade nos conflitos. Entretanto, ao olhar para a haitiana grávida, gemendo de dor, resolvi bater à porta daquele hospital. Não era possível que eles a deixassem morrer em nossas mãos.

As coisas, porém, não estavam fáceis para nós naquela noite. Ao chegarmos lá, eles disseram que não podiam receber a haitiana de nós. Não aceitei essa resposta e comecei a discutir com a pessoa que viera à porta do hospital falar conosco. Nesse momento, chegou ao local um tenente médico nosso, cuja presença eu havia solicitado. Como um milagre, a chegada do nosso médico resolveu a situação.

Ele, como um profissional muito competente, havia feito contato, assim que chegara ao país, com os diretores de todos os hospitais das proximidades, incluindo o desse hospital. Então, telefonou diretamente para o diretor e conversou com ele, obtendo êxito em convencê-lo a receber a mulher. Posteriormente, soubemos que ela acabou perdendo a criança, mas sua vida foi salva.

Nesse mesmo episódio, nosso capelão acompanhava a patrulha, para conhecer um pouco mais a rotina de nossa tropa, e impressionou-se com o que presenciou. No outro dia, ele comentou comigo que não havia dormido direito com toda a cena que vivenciara, incluindo aquela escuridão, o cheiro e a sujeira por causa da falta de saneamento, a falta de recursos do Estado, o abandono que a população sofria, recebendo recusa de atendimento por parte da polícia e dos serviços de saúde – apenas nós estávamos entre a vida e a morte daquela senhora.

A indiferença para com a vida daquelas pessoas foi algo que marcou essa noite fatídica. Posteriormente, ao conversar com minha tropa sobre aquele incidente, enfatizei que nós, da tropa brasileira, lutaríamos por toda e qualquer vida. Não desistiríamos de salvar alguém enquanto fosse possível. Nós nos importávamos!

Essas situações que narrei aqui, de forma sucinta, foram apenas algumas que vivenciamos em nossos primeiros dias no Haiti e apresentam o cenário em que estávamos, de tensão permanente, de violência, assistindo à banalidade com que a vida era tratada. Isso tudo, sem dúvida, causava um grande impacto na tropa. Desse modo, tivemos de trabalhar muito nossa situação emocional.

Com essa intenção, desenvolvemos uma intensa campanha interna, junto ao capelão, à psicóloga, ao adjunto de comando e aos comandantes intermediários, orientando para o cuidado que cada um precisava ter para com o outro.

Não apenas o cuidado normal que os comandantes intermediários teriam para com os seus subordinados, mas o cuidado que cada companheiro precisava ter para com os demais, observando caso alguém começasse a apresentar sintomas de depressão ou qualquer coisa semelhante, a fim de que avisassem ao escalão superior e providências fossem tomadas de imediato, evitando que ocorresse o que já havia acontecido no passado, como casos de suicídio.

ADMINISTRANDO AS CONSEQUÊNCIAS DA TENSÃO - UM CASO MARCANTE

Quanto ao tema da tensão em que vivíamos, que bem caracteriza as influências do ambiente sobre nós, houve um caso em que acabei tendo de repatriar um militar ao Brasil, pois esse subordinado estava passando por uma situação de estresse agudo e perdeu a noção de realidade..

Além das bases que já mencionei, onde dormíamos, havia ainda outro local em que materiais da ONU eram guardados, próximo de Cité Soleil: a Base do Porto. Era uma base onde ninguém morava, apenas havia um serviço diário de guarda, realizado por uma equipe de oito militares que tomava conta do local.

Poucos dias antes do Natal, houve um confronto entre duas gangues em Cité Soleil, e um haitiano que havia levado um golpe de facão na cabeça, todo ensanguentado, ao fugir dos perseguidores, saltou para dentro da base. Assim que ele entrou, foi imobilizado pelos cabos que estavam de serviço. Após a imobilização, os militares prestaram-lhe os procedimentos de primeiros-socorros e entregaram-no para a Polícia Nacional do Haiti. Nesse procedimento de imobilização, um cabo nosso se sujou bastante com o sangue do haitiano.

Após o incidente, esse militar passou a ter vários pesadelos com aquele civil ferido. Chegou a ponto de ter o que pareciam ser revivescências ou *flashbacks*[17], passando a vê-lo, por exemplo, diante de si. Assim que tomei conhecimento da situação, mandei afastar o cabo de suas atividades operacionais e solicitei ao médico e à psicóloga do batalhão que avaliassem o caso. Houve a recomendação de que o militar deveria ser repatriado

---

17 Reação dissociativa em que a pessoa revive em memórias vívidas e incontroláveis pensamentos e emoções a ocorrência traumática (Atualização em estresse pós-traumático de Flavio Kapczinski em Revista Brasileira de Psiquiatria, v. 25, São Paulo, 2003).

para fins de tratamento no Brasil. No entanto, alguns companheiros me pediram que esperasse alguns dias para ver se o cabo melhorava, afinal, não havia passado nem um mês de nossa chegada ao Haiti.

No entanto, um ponto importante que me preocupava era o fácil acesso que aquele militar poderia ter a armamentos e à munição, no interior de nossa base e, em caso de algum desequilíbrio ou surto, vir a cometer algum mal a si ou a outros integrantes do BRABAT ou até contra civis, caso saísse à rua armado. Fiquei bastante preocupado com o que se passava.

Houve, porém, outro fator que me influenciou e dificultou a minha tomada de decisão quanto a repatriá-lo. Eu já havia conversado com esse cabo, em um dos momentos em que percorria a base, e ele tinha me contado que o dinheiro[18] que receberia durante a missão no Haiti seria usado para construir a sua casa em um terreno que adquirira recentemente, pois havia acabado de se casar. Ele estava muito feliz por finalmente ter o próprio lar.

Enquanto eu refletia sobre a possível decisão de repatriá-lo, percebi que faria com que ele não pudesse mais concretizar esse sonho, o que me deixou transtornado. Realmente não me senti confortável com essa questão, mas a minha responsabilidade para com a tropa e a missão era maior e, por fim, resolvi mandar o militar de volta ao Brasil, a fim de que ele iniciasse o tratamento necessário para se recuperar.

O dia em que eu o chamei para lhe dar a notícia de que seria repatriado foi difícil. Ele, com os olhos cheios de lágrimas, insistiu para que eu não o enviasse de volta ao Brasil. No entanto, como comandante, eu não podia me deixar levar pela emoção. Tive de ser o mais racional possível, afinal cabia a mim resolver a questão. Não foi uma decisão fácil!

---

18 Durante o período da missão, os militares brasileiros recebiam, além do salário normal no Brasil, um segundo salário em dólares.

Ricardo Bezerra

EM SÍNTESE

Com tudo o que analisamos nesta segunda lição, as influências causadas pelo confinamento e as restrições impostas pela vida dentro das bases, além das influências negativas do ambiente externo, nos mostram que os militares, enquanto estavam no Haiti, recebiam forte carga de estresse. Não foram poucas as medidas que tomamos para minimizar ou neutralizar as influências negativas do ambiente, bem como para potencializar os elementos positivos. Mas foi necessário trabalhar o tempo todo, em equipe, para alcançar esse objetivo e tornar o nosso ambiente o mais saudável possível.

Patrulha motorizada em Cité Soleil

Comandante do batalhão realiza patrulha com um comandante de companhia

A terceira lição

CONDUZA AS LIDERANÇAS INTERMEDIÁRIAS

Parto da premissa de que a função do líder é produzir mais líderes, não mais seguidores. (Ralph Nader)

○ Oficial do EStado-Maior apresenta o batalhão ao comandante

Embora o comandante deva buscar ter contato direto com todos os subordinados, isso nem sempre é possível, além do que, dependendo da situação, o contato direto com os escalões mais baixos pode não ser o mais adequado.

Nas estruturas das organizações, normalmente existem comandantes intermediários que têm por obrigação agir como o elo entre o comandante máximo e a ponta da linha. Um cuidado a ser tomado é não anular essas lideranças, uma vez que são vitais para a condução do grupo de forma plena.

Portanto, uma das lições aprendidas foi que o comandante deve conduzir as lideranças intermediárias. Essa é a essência desta lição. Assumindo o papel de direção dos líderes intermediários, o comandante logrará êxito em liderar todos os níveis hierárquicos do grupo.

Um comandante que não considere ou não valorize os líderes intermediários estará fadado ao fracasso. É importante entender que, embora o líder se insira na dinâmica das relações em determinado ambiente, sua influência, fruto do contato direto com a ponta da linha, será limitada.

Em todas as organizações verticalizadas, há diversos níveis hierárquicos, e cada um deles terá características próprias. Quanto mais elevados na escala hierárquica, mais próximos do comandante estarão os líderes intermediários e mais necessitarão do contato pessoal com ele, sejam esses do estado-maior ou comandantes de tropa.

RELACIONANDO-ME COM OS LÍDERES INTERMEDIÁRIOS

O comandante exercita a liderança sobre os líderes intermediários, para que, ao alinhá-los a suas diretrizes, possa influenciar a base da estrutura e conduzi-la na direção desejada. Por meio do contato pessoal, caberá ao comandante direcionar os procedimentos e as condutas dos líderes intermediários, a fim de que a estrutura de comando funcione como um bloco coeso, único e monolítico, no qual todos trabalhem com os mesmos objetivos e estratégias.

Dessa forma, a estrutura vai reagir como se o comandante estivesse na ponta da linha, pessoalmente, exercendo seu comando. Esse é o padrão ideal, um elo eficaz, que transmite fielmente as ideias do comandante a todos os escalões, desde o mais alto até a base. Porém, conseguir isso exige sabedoria e habilidade no relacionamento interpessoal.

Além de valorizar ao máximo os comandantes intermediários, o comandante máximo deve evitar desgastar a autoridade deles. É preciso tratá-los com educação e camaradagem e apoiar suas decisões.

Se o comandante vê a necessidade de ir contra o posicionamento de um líder intermediário, deve fazê-lo sem desgastar a relação profissional, preservando assim a imagem desse subordinado perante seus liderados.

Entre as experiências vividas no BRABAT 23, há um episódio que bem ilustra essa ideia de preservar a boa relação. Quando faltava pouco menos de um mês para terminar a missão, tomei conhecimento de que havia um problema na companhia de Cité Soleil.

A equipe que trabalhava no rancho, cuidando da alimentação daquela tropa, mostrava-se muito tensa, brigando entre si e ainda apresentando dificuldades de relacionamento com pessoas de fora da equipe. Com toda essa tensão, o rendimento deles havia caído muito, impactando diretamente na qualidade da alimentação da tropa.

Por sua vez, o comandante de companhia, responsável por essa base, encarou o problema como estritamente disciplinar. Para ele, os militares da equipe de rancho não estavam trabalhando bem por falta de disciplina. Partindo dessa premissa, buscou resolver o problema com sanções disciplinares e restrições ao lazer e ao descanso.

Como exemplo, colocou-os para trabalhar no domingo, o único dia de folga da equipe. Assim, eles passaram a trabalhar todos os dias da semana, sem interrupção, o que agravou o nível de estresse. Essa decisão deixou o ambiente mais tenso e não resolveu o problema.

Ao tomar conhecimento do que ocorria naquela base, conversei imediatamente com o comandante da companhia por telefone e enviei a capitão psicóloga do batalhão para fazer uma avaliação do que se passava no local, inclusive para ajudar aquele comandante a solucionar a questão.

Quando a psicóloga retornou da base e relatou-me o que se passava, resolvi intervir. Afinal, toda a companhia estava sendo afetada pela tensão e pela queda do padrão da alimentação.

Considerando que aquela companhia estava na área mais estressante de todas e que já vivíamos o momento de fim da missão, com mais de seis meses no Haiti, decidi resolver o problema antes que algum fato mais grave ocorresse.

No entanto, eu tinha de ser habilidoso para solucionar tudo e não perder o bom relacionamento que possuía com o comandante da companhia, bem como preservá-lo de desgastes de sua autoridade com a tropa. Embora aquele comandante fosse um excelente oficial e líder, percebi que já estava bastante estressado com tanto tempo de missão. Afinal, estava havia mais de três meses no comando da base de Cité Soleil, uma tarefa de grande responsabilidade e tensão.

Dessa forma, considerei que sua percepção de que o problema era de natureza disciplinar vinha de todo o estresse pelo qual aquele dedicado militar passava. Quanto à equipe do rancho, a rotina de confinamento no meio da favela, somada ao trabalho de fazer a alimentação de 130 pessoas diariamente, era um trabalho árduo, e o pessoal estava chegando ao limite.

Percebi, então, que a solução disciplinar não era o melhor caminho para sair daquela crise. A solução adequada passava por minimizar as tensões dos relacionamentos. Então, após visitar a companhia pessoalmente e me assessorar com meu experiente estado-maior, decidi retirar daquela base toda a equipe de rancho.

Selecionamos um novo grupo muito bom, uma equipe que apresentava elevado grau de equilíbrio emocional e trabalhava com alto rendimento. Escolhemos todos criteriosamente. Quanto ao comandante da companhia, embora não estivesse de acordo com a solução escolhida por mim, apoiou integralmente sua implementação. Como um oficial profissional e disciplinado, alinhou-se comigo na resolução do problema.

Quais foram as consequências dessa intervenção? Primeiro, a alimentação naquela base melhorou muito. Eu havia conversado com a nova equipe antes de enviá-los e expliquei qual missão teriam: cuidar bem daquela tropa e baixar os níveis de tensão.

Além da melhoria com a alimentação, o ambiente também ficou muito bom e a tropa que estava lá se sentiu bastante satisfeita. O próprio comandante de companhia ficou feliz porque o problema havia sido resolvido, e, ao término da missão, veio conversar comigo para dizer que minha solução havia sido a melhor possível.

Quando vi que o problema fora superado, fiz questão de ir à base de Cité Soleil e elogiar o trabalho da nova equipe de rancho. Entretanto, o mais importante foi agradecer àquele comandante de companhia, na frente de sua tropa, todo o apoio dado na solução da crise. Sua postura disciplinada e colaborativa me permitiu pacificar a questão.

Cabe ao comandante superior valorizar sua liderança intermediária perante os subordinados. Essa atitude fortaleceu a autoridade do comandante da companhia, que se sentiu engrandecido não só por participar da solução, mas também por ter sido prestigiado frente a seus liderados.

Ao final do episódio, eu havia conseguido vencer aquela crise sem desgastar minha relação com o comandante subordinado, preservando a imagem dele perante a tropa. Considero esse um dos episódios que bem exemplifica a adequada forma de relacionamento entre o líder máximo e o líder intermediário na solução de uma crise, particularmente quando ambos discordam da solução a ser adotada.

O episódio descrito não deixa de ter estrita relação com outro tópico de suma importância acerca dessa terceira lição: o comandante jamais deve competir com as lideranças intermediárias.

No caso apresentado, em nenhum momento me coloquei na posição de concorrente do comandante da companhia. Procurei sempre mostrar que havíamos trabalhado juntos na resolução do problema. Entretanto, muitas vezes pode haver alguém na equipe de líderes intermediários com o passo equivocado. Caso algum deles exerça liderança negativa ou uma liderança discordante do que foi estabelecido, o comandante deve alinhá-lo às diretrizes transmitidas, de modo que passe a caminhar junto, coeso, a todo o comando.

Somente em última instância, se não for possível fazê-lo retornar ao alinhamento estabelecido, o comandante deve lhe

Sargento conduz seu grupo de combate em patrulha a pé

retirar o poder, porque não se pode admitir que todos estejam remando em uma determinada direção e alguém siga um rumo por conta própria e trabalhando com objetivos diferentes.

No caso do BRABAT 23, de forma geral, os pequenos desvios foram corrigidos com diálogo aberto e franco, em que eu ou o meu subcomandante reorientávamos os líderes intermediários. Houve, porém, uma situação em que um comandante de companhia atuou frontalmente contra as diretrizes do comando, mesmo depois das conversas que tive com ele e das orientações transmitidas.

Ele simplesmente decidiu seguir o sentido contrário ao definido pelo comando. Então, como comandante, não pude admitir e tive de destituí-lo da função. Posteriormente, ele foi repatriado, enviado de volta ao Brasil.

Muitas vezes, na busca de ser "querido", o chefe não é firme o suficiente, permitindo assim pequenas violações da disciplina.

No entanto, a experiência ensina que, ao longo do tempo, esse chefe "bonzinho" terá sua autoridade comprometida.

Ciente disso, não admiti que uma liderança desgarrada permanecesse trabalhando de modo contrário às diretrizes do comando. Não poderia haver dúvida quanto à firmeza e à convicção do comandante em atingir seus justos propósitos.

Se o comandante permitir que uma afronta a suas diretrizes seja cometida impunemente, perderá a credibilidade perante os subordinados. No Exército, sobre essa questão, usamos uma máxima: "todo comandante bonzinho termina como um coitadinho". Esse dito da caserna[19] se mostra verdadeiro quando se trata de ser ou não firme.

A FRUSTRAÇÃO COMO FERRAMENTA DE MUDANÇA DE COMPORTAMENTO

Todo comandante deve ter coragem para tomar decisões impopulares. Muitas vezes, a mudança de comportamento dos subordinados, desejada pelo líder, pode ser obtida apenas por meio da frustração. Saber frustrar interesses para provocar mudanças comportamentais é, sem dúvida, uma importante ferramenta da liderança. No caso do BRABAT, tive de agir dessa forma algumas vezes. Um dos episódios interessantes, no qual atuei particularmente sobre as lideranças intermediárias, foi o que chamo de "o caso da praia".

Logo no início da missão, comecei a fiscalização de todas as ordens relativas ao comportamento coletivo. Eram várias as regras de convivência que haviam sido divulgadas durante o período de preparação. No entanto, eu sabia que minha firmeza em fazer cumprir o que havia sido determinado seria testada. É

---
19 Âmbito militar; quartel.

da natureza humana ver até onde o chefe está disposto a fazer cumprir suas determinações.

Ao circular pela área do batalhão, notei que algumas de minhas ordens relativas ao comportamento individual e coletivo não estavam sendo cumpridas da maneira determinada. Observei ainda que parte dos comandantes intermediários, de diversos níveis hierárquicos, não fazia o papel de fiscalizar esse cumprimento. Percebi que uma parcela dos oficiais e dos sargentos preocupava-se mais com o fato de não contrariar a tropa do que com o rigor disciplinar. E isso me preocupou.

Não cabe ao comandante máximo saltar as lideranças intermediárias e ficar corrigindo o tempo todo a ponta da linha. Esse comportamento desgasta a imagem da autoridade ao longo do tempo. Cada um deve fazer a sua parte, pois somente a sinergia de comportamentos de todas as lideranças, alinhadas aos mesmos objetivos, produzirá uma mudança profunda de comportamento em todo o grupo. Sendo assim, o papel das lideranças intermediárias é fundamental para que se obtenha esse resultado.

Felizmente, essa questão disciplinar era relativa apenas a pequenas transgressões das normas e sua tolerância por parcela dos oficiais e dos sargentos. Nada de grave no âmbito disciplinar. Mas, para um comandante experiente, esses comportamentos indesejados, de pequena relevância, sinalizavam que era o momento de agir.

Como exemplo das pequenas transgressões que estavam sendo toleradas, cito o uso inadequado de uniformes e o fato de muitos militares tirarem fotos das atividades que ocorriam, operacionais ou de lazer, com seus celulares particulares, o que era proibido.

Com relação às fotografias, para que todos levassem recordações dos diversos momentos vividos, nós havíamos treinado alguns fotógrafos das companhias, que sabiam tirar fotos da forma adequada ao tipo de situação vivíamos. Os fotógrafos treinados não fotografavam, por exemplo, reservas de armamento, paiol de munições ou qualquer outro local que, caso postado em uma mídia social, colocasse em risco a segurança do batalhão.

Nas atividades sociais, esses fotógrafos observavam se os fotografados poderiam aparentar posturas não condizentes com o que se espera de um militar em missão no Haiti. Observavam, o uso adequado dos uniformes, entre outros aspectos. As inúmeras fotografias tiradas foram disponibilizadas a todos na internet, por meio do Flickr do BRABAT. Ao final da missão, nós já havíamos compartilhado mais de 14 mil fotos, além de dezenas de filmagens.

Ao discutir sobre esse problema com o meu subcomandante e com alguns membros do estado-maior, concluímos que precisávamos reverter a situação. Afinal, estávamos no início da missão, momento adequado para adquirir hábitos novos por parte da coletividade. No entanto, sabíamos que uma campanha aberta de sanções disciplinares não seria a opção apropriada. Somente um comandante inexperiente adotaria essa solução que, por si, criaria um ambiente demasiado repressivo.

E como resolver esse problema? Frustrar interesses seria a solução. Nos estudos feitos na fase preliminar da missão, identifiquei que, entre as atividades de lazer, a que mais atraía a tropa era tomar banho de mar. Geralmente aos domingos, um comboio com escolta levava determinada quantidade de militares a um hotel na praia, onde ficava até o fim da tarde; somando o tempo necessário ao deslocamento, a tropa chegava a ficar lá cerca de quatro horas.

Havia uma série de regras para essa atividade, como a restrição de contato com haitianos, limitação do consumo de bebidas alcoólicas, proibição de aluguel de *jet ski*, assim como outras determinações que deviam ser seguidas. Um oficial superior era escalado para ser o chefe da atividade e garantir o bom andamento.

No caso do BRABAT 23, a primeira vez que autorizei essa atividade foi no final de dezembro, quando se encerrou, temporariamente, o nosso emprego no período eleitoral. Nessa primeira ida à praia, houve o episódio que me deu o *insight* para resolver o problema da falta de ação de algumas lideranças intermediárias quanto às normas comportamentais.

Um soldado alugou um *jet ski* e atropelou um companheiro que se banhava. Não houve nada grave com o militar atropelado, no entanto ele começou a se sentir mal posteriormente, fato que me abrigou a acompanhar a evolução de seu caso de saúde bem de perto.

Embora o acidente não tenha gerado um problema grave de saúde, o fato de um soldado alugar e usar um *jet ski,* conduta proibida, na frente de outros militares e ninguém o impedir de fazer isso, caracterizou a omissão dos superiores hierárquicos presentes. Para mim, ficou clara a necessidade de provocar uma mudança no comportamento de parte de minhas lideranças intermediárias. Vendo esse acidente como uma oportunidade, resolvi tomar a impopular decisão de proibir a ida à praia por tempo indeterminado.

Como eu esperava, minha decisão incomodou a todos. A rotina pesada da tropa não mais poderia ser abrandada por aqueles breves momentos de relaxamento. Houve uma frustração coletiva. Com isso, nas conversas rotineiras que tinha com a tropa, expliquei que só revogaria minha proibição quando visse não só uma melhoria nas condutas individuais, como, principalmente, quando todas as lideranças intermediárias estivessem, de fato comprometidas com o fiel cumprimento das ordens de rotina.

Com tudo isso, o BRABAT ficou cerca de trinta dias sem frequentar a praia. Autorizei essa atividade apenas quando, claramente, houve um forte movimento de todos, em particular dos níveis intermediários, a fim de que as ordens fossem minuciosamente cumpridas. Ao revogar minha proibição, deixei claro que a revogação estaria condicionada ao bom comportamento da coletividade.

Foi impressionante a mudança de hábito da tropa. No início, os hábitos indesejados foram reprimidos pela ação das lideranças, mas, com o passar do tempo, os comportamentos corretos foram absorvidos pela coletividade e passaram a acontecer naturalmente. Havíamos logrado êxito.

Como exemplo, não se viam mais os celulares na mão de todos, fotografando e tirando *selfie* a todo momento. Com os hábitos positivos incorporados, a disciplina passou a ser um dos principais fatores de êxito do batalhão, o que refletiu até mesmo nos resultados das operações militares.

Esse foi apenas um exemplo de que saber frustrar interesses pode provocar mudanças comportamentais desejáveis, como ocorreu algumas vezes no BRABAT 23.

ESTABELECENDO OS LIMITES DA LIBERDADE DE AÇÃO DAS LIDERANÇAS INTERMEDIÁRIAS

Ao se relacionar com os comandantes subordinados, o líder sempre terá um dilema nas mãos: quanta liberdade de ação deve ser concedida aos líderes intermediários? Como situação ideal, considero necessário estabelecer diretrizes claras e, a partir de então, proporcionar o máximo de liberdade de ação aos comandantes subordinados.

Essa liberdade, porém, deve ser fiscalizada. Além disso, deve ficar claro ao comandante intermediário que sua autonomia para decidir possui limites estabelecidos pelo escalão superior. A vivência ensina que esse tipo de relação entre o comandante e seus líderes subordinados mostra-se mais adequada na condução de subordinados que possuem determinados atributos, como iniciativa e conhecimento profissional, entre outros[20].

No BRABAT 23, adotei a postura de que, quando o comandante subordinado demonstrava o atributo da iniciativa e o adequado conhecimento profissional para cumprir a tarefa, eu apenas lhe dava as diretrizes e delegava, fiscalizando posteriormente.

Se o subordinado possuía baixo índice de iniciativa, sua liberdade de ação seria limitada. Era necessário acompanhá-lo cerradamente, porque não se pode permitir que ordens não sejam cumpridas. Embora a maioria das lideranças intermediárias possuísse alto grau de iniciativa, houve casos em que tive de trabalhar mais de perto, orientando o subordinado de forma cerrada.

O mesmo ocorreu em situações nas quais o líder subordinado demonstrou não possuir o conhecimento adequado para a execução da tarefa, seja por inexperiência ou por qualquer outro motivo. Eu ou alguém do meu estado-maior, por mim determinado, ficava presente, orientando e fiscalizando todo o tempo. No entanto, assim que o subordinado corrigia essa deficiência, sua liberdade de ação era restituída.

Desse modo, verifiquei que a liberdade de ação não é absoluta e deve estar condicionada, basicamente, à iniciativa e ao conhecimento profissional. Além disso, cada comandante subordinado deve ser acompanhado por seu comandante superior, que orienta aquele que não possui iniciativa e/ou não possui o conhecimento necessário.

Entre os atributos da iniciativa e o do adequado conhecimento profissional, considero o mais valioso para o líder intermediário o da iniciativa, um atributo fundamental para o

---

20 Se tivesse que destacar um terceiro atributo, acrescentaria o comprometimento profissional. No entanto, para simplificar essa explicação, mantive apenas os dois principais.

exercício da liderança. Considero tão importante e valiosa aos líderes intermediários que, mesmo quando ocorreu de alguém atuar fora dos limites estabelecidos, ou seja, quando o comandante subordinado extrapolou a liberdade de ação, busquei ter o cuidado para que a correção da conduta não fizesse com que esse subordinado deixasse de tomar iniciativas.

Um grande comandante que tive na Academia Militar das Agulhas Negras dizia o seguinte: "quando um pássaro voa na direção errada, não devemos cortar suas asas, mas, sim, redirecionar o seu voo". Com o passar dos anos, aprendi que aquele soldado veterano tinha toda a razão.

No BRABAT 23, pelo alto padrão dos líderes intermediários, trabalhei dando a eles o máximo de liberdade de ação. Graças ao processo seletivo bastante adequado, feito pela Marinha, pelo Exército e pela Aeronáutica, exerci o comando predominantemente dando ordens e delegando. Com pouquíssimas exceções ou desvios, todos acabaram desempenhando muito bem o seu papel.

ELOGIANDO E VALORIZANDO AS LIDERANÇAS INTERMEDIÁRIAS

Na convivência diária, o comandante terá muitas oportunidades de identificar condutas adequadas e meritórias, assim como condutas dos comandantes subordinados que devem ser corrigidas. O relacionamento direto do comandante com as lideranças intermediárias fará com que tenham uma grande aproximação, facilitando acompanhar os seus comportamentos.

No BRABAT 23, quando se tratava de condutas meritórias, eu procurava não perder a oportunidade de elogiar; aproveitava a ocorrência de uma conduta positiva, que merecia reforço, e utilizava a poderosa ferramenta do elogio.

Considero que o ser humano, em geral, tende a dar mais destaque aos erros que aos acertos, atitude nociva para o exercício da liderança. Se queremos que uma atitude positiva se repita, devemos reforçá-la, tanto elogiando diretamente para quem é merecedor do elogio, quanto perante a coletividade.

Ao falar com a tropa, sempre buscava destacar as condutas positivas, na intenção de que os comportamentos fossem copiados e repetidos. Era incrível o poder que o elogio exercia sobre os subordinados. No entanto, tomava cuidado para não banalizá-lo, sempre me referindo a condutas e atos meritórios verdadeiros e concretos. A banalização do elogio pode ocasionar o enfraquecimento dessa preciosa ferramenta, que, nesse caso, perderia a credibilidade perante todos.

Interessante destacar que, quando se elogia, a verbalização deve ser direcionada tanto para a pessoa quanto para a atitude meritória, forma que considero a mais eficiente de se elogiar. Por exemplo, pode-se dizer que "esse trabalho que você executou ficou excelente"[21], e, em seguida, acrescentar: "isso mostra a sua dedicação e o seu comprometimento para com o batalhão". Quando falava essa segunda parte, estava me referindo à pessoa e, ao fazer isso, o elogiado tendia a valorizar mais o reforço positivo a seu comportamento.

Cabe ressaltar que o principal objetivo do elogio é que o comportamento seja repetido por aquele indivíduo e copiado pelos demais. Assim, a parte do elogio que se refere à pessoa deve ter clara relação com a atitude positiva. Por exemplo, elogiar a inteligência de alguém não produz o mesmo efeito que se referir à sua dedicação ou ao seu comprometimento, pelo fato de esses atributos estarem diretamente relacionados ao comportamento desejado.

---

21 Aqui me referi ao trabalho bem feito, ao que foi realizado, à ação e à atitude de realizar algo "bem feito".

As duas partes devem estar lado a lado em um elogio, uma complementando a outra. Quem é elogiado se sente um ser humano melhor por ser reconhecido pelo chefe, particularmente quando este se refere à pessoa e à atitude.

No BRABAT 23, eu tinha o hábito de, pelo menos uma vez na semana, almoçar ou jantar nas companhias. Nessas ocasiões, sempre solicitava que fosse colocado um microfone para que eu dirigisse a palavra a todos.

Ao falar à tropa, tratava de assuntos gerais que ocorriam no batalhão, no Haiti e no Brasil, sem, porém, perder a oportunidade de elogiar todas as condutas adequadas do grupo. Sempre destacava o que a companhia vinha fazendo de bom, todos os trabalhos positivos e, principalmente, elogiava os comandantes intermediários na frente de seus subordinados.

Importante ressaltar que não me referia apenas aos comandantes das companhias, mas também aos das pequenas frações, como os pelotões e os grupos de combate. Dessa forma, conseguia não só elogiar as condutas adequadas que a tropa havia tido, mas também fortalecer as lideranças intermediárias.

O interessante é que, quando as lideranças intermediárias se sentiam reconhecidas pelo chefe máximo, no caso, o comandante do batalhão, esses líderes tendiam a valorizar ainda mais a minha liderança. Havia um processo de mão dupla de fortalecimento de nossas autoridades.

E assim se criava um círculo virtuoso: eu os valorizava; eles, sentindo-se valorizados, valorizavam-me também. Desse modo, afirmo que um líder nunca deve abrir mão da poderosa ferramenta que é o elogio, desde que verdadeiro e direcionado para a atitude e para a pessoa que cometeu o ato meritório.

CORRIGINDO CONDUTAS INADEQUADAS

A convivência do comandante com suas lideranças intermediárias, bem como a fiscalização das atividades e do cumprimento das ordens vão, inevitavelmente, levá-lo a tomar conhecimento de atitudes inadequadas a serem corrigidas. Inicialmente, é importante destacar que o comandante deve delegar aos líderes intermediários a tarefa de corrigir a ponta da linha. Somente em caso de significativa repercussão é que uma sanção deve partir diretamente do comandante máximo. O objetivo é não desgastar a figura desse comandante com questões menores.

No caso do BRABAT 23, os responsáveis pelas sanções a questões disciplinares eram os comandantes de subunidade, e, em nível mais elevado, o subcomandante do batalhão; enquanto as pequenas repreensões verbais, que ocorriam no dia a dia, eram de responsabilidade do comandante imediato do transgressor. No entanto, essa delegação não retirava do comandante máximo a responsabilidade de fiscalizar as sanções aplicadas.

Felizmente, raras foram as vezes em que precisei interferir nas sanções aplicadas pelos meus comandantes intermediários, com a finalidade de corrigir injustiças. Eles foram bastante sensatos e buscaram seguir fielmente minhas diretrizes disciplinares.

É importante ressaltar que, em um ambiente onde existe a sensação de injustiça, a liderança fica comprometida. Por isso, um cuidado especial deve ser dado para que não haja níveis de tolerância diferenciados entre os diversos escalões ou níveis hierárquicos. A sensação de que os níveis mais altos são tratados com menos rigor disciplinar que os níveis mais baixos desacredita a autoridade.

Cabe destacar que a questão do tratamento diferenciado havia aparecido no momento em que eu estudava os possíveis estressores, conforme abordado na primeira lição. Isso já havia sido uma preocupação de outros contingentes.

Um aspecto importante é que, ainda que o comandante atribua a si apenas as punições de maior repercussão, inevitavelmente ele terá de repreender pequenas condutas que ocorram em sua presença. Nesse caso, deverá atentar para a forma como o fizer.

Diferente do que ocorre no caso de elogiar, deve-se buscar focalizar as correções apenas para as atitudes. Eu havia aprendido, em meus anos de quartel, que, no caso de uma repreensão, não se deve focalizar a pessoa do indivíduo. Por exemplo, dizer: "você é um incompetente" ou mesmo algo mais brando, como "você é ruim nisso".

Esse tipo de afirmação atinge o ego e a autoestima do subordinado, que, além de ofendido, também perderá a fé no comandante que o repreendeu. Isso ocorre porque a maioria das pessoas possui uma tendência de proteger a própria identidade como pessoa, e a agressão a essa identidade gera um processo de negação da culpa. A pessoa, então, não reconhecerá o erro.

Portanto, a repreensão deve sempre ter como foco a atitude. A correção deve ser feita, por exemplo, dizendo o seguinte: "essa atitude que você tomou ao fazer tal coisa não foi adequada". Dessa maneira, você despersonaliza a transgressão disciplinar, focalizando apenas a atitude inadequada que a pessoa teve.

Percebi claramente que, ao corrigir a conduta dessa forma, havia uma tendência de o subordinado refletir sobre o próprio comportamento e não o repetir mais, separando a questão pessoal da falta cometida. Essa forma de atuar se mostrou muito eficiente, porque aumentava o efeito da correção e evitava o desgaste pessoal.

Eu me preocupava em ter a capacidade de corrigir, de repreender, de sancionar, permitindo ao subordinado se recuperar rapidamente e ainda ficar a meu lado nas futuras tarefas. Eu sabia que, caso não respeitasse esses aspectos da repreensão, poderia vir a destruir a relação com meus liderados.

CORRIGINDO UMA SANÇÃO INJUSTA

Para um líder atuante, que está sempre presente nas ações, fiscalizando as ordens dadas, é quase certo presenciar alguma conduta que necessite ser corrigida de imediato, particularmente em relação aos líderes intermediários que estão mais próximos do comandante.

Seguramente, ele deve agir sem demora, como já explicado. No entanto, pode ocorrer a situação na qual a repreensão seja injusta. Ninguém está livre de cometer uma avaliação equivocada, nem mesmo um líder experiente.

O erro de avaliação de um comandante normalmente pode ser cometido por duas causas. A primeira ocorre quando ele faz uma avaliação incompleta, sem considerar todos os elementos que envolvem a suposta conduta indisciplinada.

Em geral, isso acontece quando o comandante não dá ao subordinado a oportunidade de se explicar ou não escuta todas as pessoas que presenciaram o ato. Isso faz com que ele se precipite e tome uma má decisão.

A segunda forma acontece quando o comandante repreende motivado pela raiva ou pela emoção. Nesse caso, ainda que o subordinado tenha de fato transgredido a disciplina, a sanção aplicada pelo comandante tende a ser desproporcional à falta cometida. Ambos os erros precisam ser evitados, e, caso não sejam, devem ser corrigidos imediatamente.

O comandante deve se preocupar em ser justo. Assim, antes de fazer qualquer julgamento sobre a falha supostamente cometida, é necessário realizar uma avaliação completa dos fatos.

No caso de estar alterado emocionalmente, seja por causa da transgressão em si, seja por qualquer outro motivo, deve deixar para outro dia a tomada de decisão quanto a sancionar o subordinado. Assim, deverá atuar apenas quando estiver apto a agir racionalmente.

No entanto, com frequência ocorrem falhas, e mesmo um comandante veterano as cometerá. Logo, quem se propõe a liderar deverá saber se retratar de modo adequado. Vale ressaltar que a retratação não é um pedido de desculpas, e não se pode confundir os dois, porque, no caso do pedido de desculpas, o subordinado poderia optar por não aceitar.

Isso não ocorre no caso da retratação, pois ela é unilateral: o comandante age e realiza o ato, retratando-se, assumindo o erro. Ele precisa dizer que falhou, que decidiu por impulso ou por não ter feito uma avaliação adequada. Se for o caso, deve deixar claro que reconhece que a suposta falha do subordinado não foi cometida.

Caso tenha tomado uma atitude desproporcional à falha cometida, o comandante deve dizer claramente que, embora o subordinado tenha errado, a atitude tomada foi exagerada, pois foi motivada pela emoção.

É importante destacar que essa retratação deve ser feita na presença de todos os que testemunharam a repreensão. Repreender em público e se retratar em particular é um erro que o comandante não deve cometer, sob pena de parecer covarde perante os subordinados.

A experiência ensina que, quando se retrata de forma adequada, o subordinado se sente valorizado, e a coletividade reconhece a atitude do comandante, percebendo que a justiça foi feita. Então, o erro será desculpado, tanto pelo subordinado, quanto pela própria coletividade, que entenderá que o comandante também erra, mas que está de fato preocupado em ser justo.

Algumas vezes precisei me retratar durante o comando do BRABAT 23. Um episódio que serve de exemplo ocorreu quando eu estava muito preocupado com a situação de um soldado, que enfrentava problema de saúde e precisava ser repatriado, enviado de volta ao Brasil.

Em determinado dia, pela manhã, chamei o oficial responsável por esse procedimento de repatriação e lhe perguntei se a documentação já estava pronta, pois, sob meu ponto de vista, já havíamos tido tempo suficiente para prepará-la. Ele me respondeu que a documentação estava pronta desde o dia anterior, mas que não havia conseguido tratar sobre o assunto comigo.

Nesse momento, fiquei de cabeça quente e respondi que estava 24 horas por dia disponível no batalhão. Além disso, acrescentei, exaltado: "por que você não me acordou de madrugada e foi falar comigo, como muitos vão quando têm problema?".

Comecei a falar alto chamando-lhe a atenção desproporcionalmente, dizendo que não aceitava seu argumento e não admitia que, com uma situação tão importante para resolver, ele não tivesse ido até meu alojamento e pedido para eu assinar os devidos documentos.

Enquanto eu falava em tom alto, não permitia que o outro falasse. Percebi, então, que meus auxiliares, que trabalhavam na minha antessala, estavam me escutando. Inclusive haviam ficado em completo silêncio. Depois que chamei a atenção desse oficial, que pertencia ao meu estado-maior, mandei que se retirasse da minha sala, porque ainda me encontrava transtornado com a resposta que recebera.

Cerca de duas horas depois dessa conversa, quando eu já havia esfriado a cabeça, dei-me conta de que, embora ele tivesse errado na argumentação, o fato de eu ter falado alto e de tê-lo colocado para fora da minha sala havia sido desproporcional ao erro que ele cometera.

Além disso, tratava-se de um oficial muito competente, dedicado e trabalhador que, portanto, merecia melhor tratamento. A isso tudo somei o fato de que meus auxiliares, de hierarquia inferior, haviam escutado tudo o que eu dissera. Eu havia cometido um erro e, consequentemente, sido injusto.

Por isso, quando esfriei a cabeça, solicitei ao oficial que voltasse à minha sala. Ele chegou preocupado em levar mais uma bronca. Chamei, inclusive, todos os meus auxiliares que escutaram o que eu havia falado quando exaltado e me retratei. Eu disse que ele era um excelente oficial e fazia um excelente trabalho. Reforcei que era muito comprometido e que não merecia ser tratado daquela forma.

Ainda esclareci que eu, por estar nervoso por outros motivos, havia agido desproporcionalmente e fazia questão de me retratar na frente de quem escutara, para, de fato, reparar a minha falta. Ele sorriu para mim e o ambiente melhorou.

Mais tarde, à noite, nós nos encontramos no refeitório, conversamos e eu percebi, por sua postura descontraída e satisfeita, que ele realmente havia superado a questão. E esse era o efeito de uma retratação adequada, pois ela tem o poder de fazer com que o subordinado de fato desculpe o superior pela falta cometida.

No entanto, considero que, para ele ter me desculpado de forma plena, foi muito importante não apenas me retratar, mas também fazê-lo na presença de quem havia me escutado chamar sua atenção. Assim, a retratação surtiu o efeito reparador.

EM SÍNTESE

Fecho esta terceira lição deixando claro que o relacionamento com os líderes subordinados é primordial para o sucesso do comandante, do chefe ou do líder de qualquer instituição. Além disso, há uma série de técnicas que devem ser cuidadosamente observadas para melhorar a ação de comando do líder sobre seus liderados.

No entanto, há um ponto importante a se destacar. Embora haja técnicas que ajudem o comandante a liderar, como várias apresentadas nesta lição, não se pode confundir o ato de liderar com o de manipular.

Por um lado, a manipulação se caracteriza por identificar os interesses do subordinado e fazer com que ele adote determinado comportamento, pensando que vai alcançá-los. É um ato de engano, uma farsa que, quando descoberta, inviabilizará qualquer relação de confiança com o chefe manipulador, possuindo curto prazo de duração.

Por outro lado, liderar é conseguir que o subordinado, ao reconhecer no comandante a legítima capacidade de conduzi-lo em determinada tarefa, voluntariamente deseje segui-lo. É uma relação afetiva de confiança em quem se acredita. Nesse caso, o subordinado atribui ao comandante o poder de liderá-lo. Ele delega. É uma relação que pode durar toda uma vida.

Comandante conversando com a subunidade de Cité Soleil

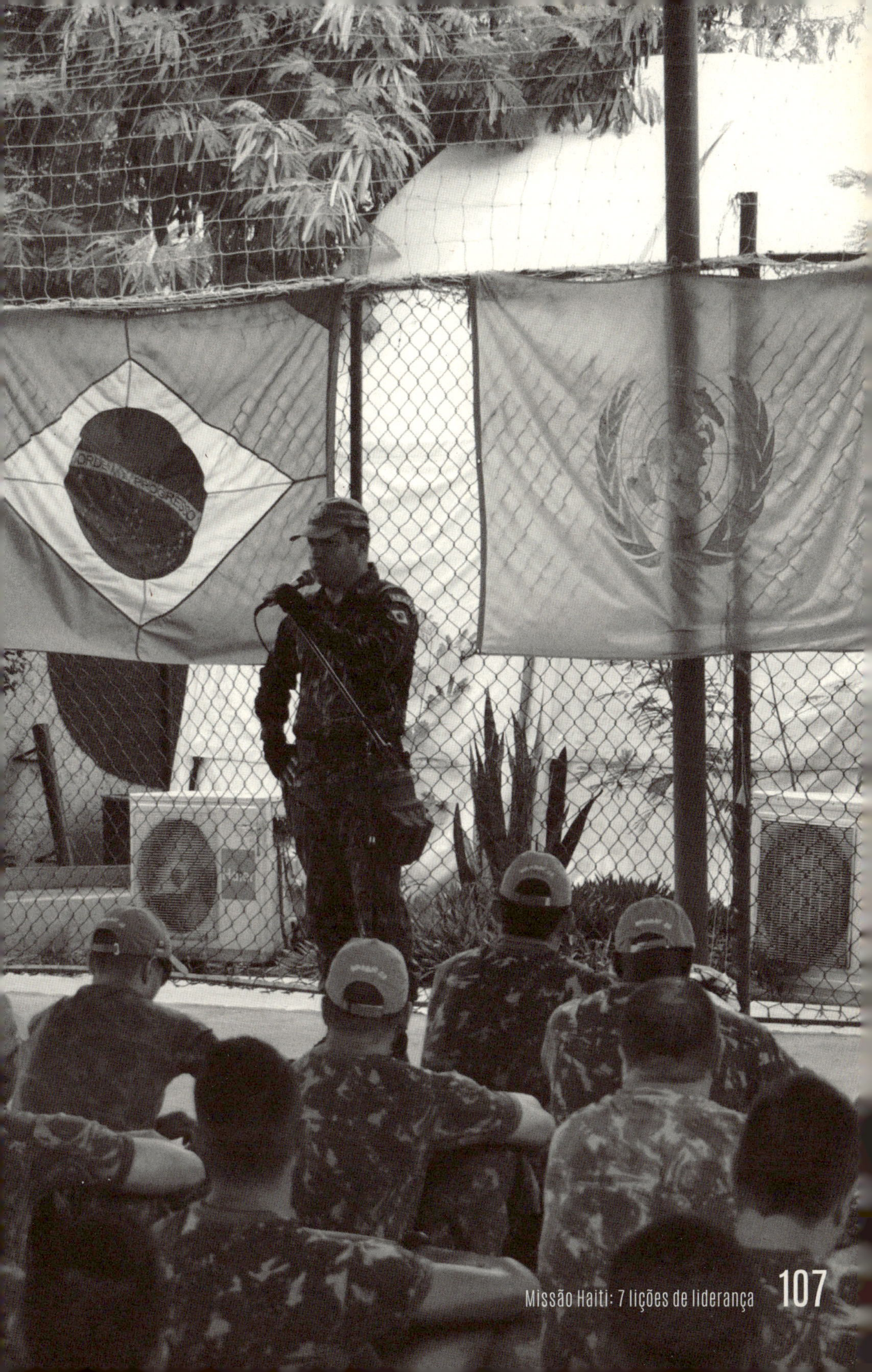
ORDEM E PROGRESSO

Os liderados

A quarta lição

PERSONALIZE O TRATAMENTO DADO AOS SUBORDINADOS

Sem empatia, não haveria harmonia na diversidade.
(Jennifer Tindugan-Adoviso)

Retirando a mobília da casa de uma senhora na enchente em Pelotas

Adjunto de comando se dirige aos ST e Sgt no grêmio

Ao se deparar com o grupo a ser conduzido, o chefe deve compreender que haverá diversidade entre seus integrantes no tocante a muitos fatores como: grau de instrução, cultura geral e profissional, nível social, sexo, idade, entre outros a serem considerados. Com essas diferenças, cada indivíduo terá distinta perspectiva sobre a missão, bem como diferente expectativa sobre como tirará proveito dela. No mesmo sentido, o ambiente influenciará cada um de forma e de intensidade diferentes.

Portanto, nem a comunicação entre o líder e os liderados poderá ser feita sempre do mesmo modo, nem o tratamento dispensado a todos os subordinados deverá ser igual. Embora os fundamentos para liderar sejam os mesmos, não existe uma forma padrão de tratamento entre o líder e os liderados. Por essa razão, muitos estudiosos classificam o ato de liderar como "Arte".

Assim, no intuito de se conduzir os indivíduos de maneira adequada e de se buscar o máximo de satisfação no cumprimento da missão, é necessário que o líder dedique um tratamento específico para cada subordinado.

No entanto, em grupos de efetivos grandes, como foi o caso do BRABAT 23, essa conduta individualizada não seria viável. Afinal, éramos 850 pessoas, entre homens e mulheres, das três Forças Armadas e de diversos níveis hierárquicos, além dos 112 haitianos que trabalhavam conosco.

Dessa forma, compartilho a quarta lição sobre liderança: quem se propõe a liderar deve ter a consciência de que precisa dar um tratamento ao subordinado de acordo com suas características.

Pensando assim, dividi o grupo em diferentes segmentos com características semelhantes, para dar o tratamento mais específico possível a cada um, com a finalidade de executar minha estratégia de liderança. Foram os seguintes segmentos: os cabos e os soldados; os subtenentes e os sargentos; os oficiais; os militares de outras Forças Armadas; o segmento feminino; e os prestadores de serviço haitianos.

O que deu certo em cada segmento desses? Vejamos a seguir.

OS CABOS E OS SOLDADOS

Mais da metade do efetivo da tropa do Exército que integrava o BRABAT era composta de cabos e soldados, os níveis mais baixos da hierarquia militar. Os demais eram sargentos, subtenentes e oficiais. Portanto, eram a esmagadora maioria quando comparado aos outros níveis hierárquicos. Os soldados do batalhão eram, em sua maior parte, naturais do Rio Grande do Sul[22], onde havíamos feito a seleção do pessoal para compor o BRABAT 23.

O soldado gaúcho se caracteriza por ser orgulhoso das tradições guerreiras de seu estado, o que os faz ter forte amor à farda. Nas reuniões sociais, gostavam de fazer apresentações que incluíam cantos e danças típicas de sua terra. Tinham um bom nível de educação e cultura, além de serem obedientes e disciplinados. Era gratificante trabalhar com eles.

Quanto aos aspectos das tradições culturais, eu me aventurei um dia a vestir a "pilcha", a tradicional vestimenta gaúcha, e, junto a um grupo de gaúchos caracterizados, cantamos o Canto

---

22 Segundo a política de seleção de pessoal do Exército, cada contingente era selecionado de uma região do país. Apenas os especialistas e o comando do batalhão eram escolhidos em um processo seletivo específico.

Alegretense e o Hino do Rio Grande do Sul. Foi impressionante a alegria da tropa em ver seu comandante trajado daquela forma.

Cantamos em uníssono os hinos que representam o estado deles. Ao final, para surpresa de todos, eu e uma major vestida de "prenda[23]" dançamos uma música tradicional gaúcha. A tropa vibrou muito e aplaudiu o tempo todo. Foi muito divertido. Com aquela atitude, eu mostrava a eles que valorizava sua cultura e tradições. Era uma mensagem de descontração do comandante que falava diretamente aos valores dos cabos e soldados.

Voltando ao processo de seleção do pessoal, buscamos trazer frações constituídas de suas unidades de origem. Assim, a tropa já apresentaria um espírito de corpo nas pequenas frações quando de sua incorporação ao BRABAT. Dessa forma, a maioria dos soldados já conhecia os companheiros mais próximos de experiências anteriores. Um exemplo disso era o fato de que suas unidades haviam sido empregadas na pacificação da comunidade da Maré, no Rio de Janeiro, no período de dezembro de 2014 a fevereiro de 2015.

Essa experiência também serviu para aprimorarmos a seleção do pessoal, pois a maioria dos cabos e dos soldados escolhidos para ir ao Haiti veio dos que apresentaram bom desempenho na missão na Maré.

Durante os quatro meses de preparação[24], além de realizar a capacitação técnica da tropa, meus principais objetivos foram: aprimorar a seleção; criar laços pessoais entre o comandante e a tropa; e desenvolver o espírito de corpo do batalhão. Esse espírito de corpo ou de coletividade torna-se cada vez mais forte na medida em que o grupo percebe que tem um passado e um futuro comuns. Ele faz com que o desempenho coletivo seja maior que a soma dos desempenhos individuais.

---

23 O vestido de prenda é um traje típico brasileiro, mais especificamente a indumentária gauchesca feminina.

24 De julho a outubro de 2015.

Na construção dos laços com os subordinados, eu tinha consciência de que a tropa me seguiria tão melhor ou mais convicta quanto maior fosse a percepção positiva que tivesse de mim. Por isso eu não podia perder qualquer oportunidade. Assim, viajei pelas cidades onde cada fração se preparava[25] e busquei acompanhar ao máximo as instruções desenvolvidas. Sempre conversava com a tropa e buscava motivá-la para os desafios que estavam por vir.

Em meados de outubro de 2015, quando concentramos todo o batalhão na cidade de Pelotas, ocorreu outro momento em que surgiram muitas oportunidades para fortalecer os laços com tropa, e eu não as desperdicei. Naquelas semanas de preparação, a cidade foi muito castigada pelas chuvas e com o frio; e toda vez que uma tropa saía para realizar o treinamento na chuva, eu buscava estar presente.

Mesmo que não falasse nada durante a atividade, a tropa me via ali, junto a eles, nas mesmas condições. Lembro-me de uma instrução de controle de distúrbios para as subunidades localizada em uma área cheia de barro e lama. Não havia como sair de lá sem estar molhado e sujo, e, a cada subunidade que acompanhei, foi assim que saí.

Durante o período em que ficamos concentrados em Pelotas, autorizei a saída à cidade em um dos fins de semana. Minha intenção era observar a conduta do pessoal quanto ao cumprimento das ordens. De fato, dois soldados se embriagaram na folga e chegaram atrasados ao início do treinamento. Foram excluídos e substituídos de imediato, afinal todas as atividades serviam ao processo de seleção.

De forma semelhante, foram substituídos militares que apresentavam baixo nível de iniciativa, que apenas cumpriam as ordens recebidas.

---

25 Eram treze unidades fornecedoras de tropa, situadas em nove cidades do Rio Grande do Sul.

As atitudes firmes repercutiram positivamente perante a tropa com rapidez, pois se ilude quem pensa que os subordinados desejam um chefe bonzinho. Ao longo do tempo, toda bondade excessiva se mostra como fraqueza. O soldado não aceita um chefe fraco, e, sim, espera que o chefe seja firme e justo, porque só assim será possível manter o batalhão em ordem e disciplinado. Além disso, somente um comandante firme saberá se impor ao adversário nos momentos difíceis. E justo, porque saberá dar valor ao bom profissional.

Um episódio interessante também ocorrido durante a nossa concentração em Pelotas foi o da enchente na cidade. Com as fortes chuvas, vários bairros da cidade foram alagados. Como consequência, o general Comandante da 8ª Brigada de Infantaria Motorizada, que era o coordenador da preparação do nosso BRABAT, decidiu parar o nosso treinamento para socorrer a população da cidade.

Fizemos um rápido estudo da situação e nos desdobramos no terreno. O bairro do Laranjal havia sido o mais atingido, onde a água suja do canal inundou as casas. A população estava apavorada e subira nos telhados esperando ajuda.

Ao chegar ao bairro, rapidamente entrei a pé na área inundada e me direcionei ao local mais atingido. Com aquele ato, quis mostrar à tropa que não seria aquela água suja e fria que inibiria a nossa atuação. Então percebi que atrás de mim vários homens entraram rapidamente na água, que lhes alcançava a altura da cintura.

Fiquei muito feliz ao encontrar, no meio do bairro alagado, um dos comandantes de subunidade todo molhado, ajudando a retirada de mobiliário de uma casa. Observei que sua tropa o seguia sem sequer questionar a imundície e o frio que aquela situação provocava. Era o exemplo daquele comandante intermediário que arrastava a sua tropa. Foi uma cena bonita de se ver para quem busca compreender o fenômeno da liderança.

Durante todo o período no Haiti, ficou claro que os cabos e os soldados do BRABAT 23 não fugiam de missão. Eles estavam sempre prontos para enfrentar os riscos e a fadiga, desde que não os percebessem como inúteis. Em contrapartida, a tropa esperava que os comandantes, em todos os níveis, os recompensassem pelo esforço.

E essa recompensa era simples: boa alimentação, tratamento cordial, e descanso e lazer quando possível. Não queriam nem desejavam regalias; apenas queriam que os chefes dessem valor ao seu sacrifício. Nada mais justo.

Quanto aos aspectos de lazer, várias foram as opções dadas à tropa. Toda quinta-feira, ocorria o Cine BRABAT, com refrigerante e pipoca grátis. Posteriormente foi criado o BRABAFLIX, um arquivo de filmes que todos poderiam acessar por meio de televisão ou até mesmo pelo celular. Também fizemos torneios desportivos e olimpíadas de atividades militares, entre outras tantas atividades.

Durante a preparação, percebi que o batalhão possuía uma grande quantidade de músicos, e resolvi explorar essa potencialidade. Conversei com o nosso oficial de ligação da Força Aérea, responsável pela carga no embarque, e combinei que incentivaríamos ao máximo a tropa a levar instrumentos musicais no voo para o Haiti. E assim foi feito.

Durante o período em que ficamos lá, nas reuniões sociais que fazíamos nos fins de semana, apareceram bandas de rock, de sertanejo, grupos de músicas tradicionais gaúchas, entre outras. O estilo que mais fez sucesso, porém, foi o samba. Todos os sábados à noite, das 20h30 às 23h, acontecia o "Pagode do Esquadrão". Lá se reunia um grupo com cerca de trinta instrumentos, e o samba descontraía a tropa.

Nesses eventos eu autorizava o consumo restrito de bebidas alcóolicas. Eram duas latas de cerveja por militar que não estivesse de serviço ou de patrulha. Tudo controlado pelos comandantes de subunidade, pois deveríamos estar em condições de sermos acionados a qualquer momento. Não seria admissível entregar uma arma a alguém embriagado. Às 23h, encerrávamos a atividade e todos se recolhiam.

Embora tivéssemos um pequeno efetivo do segmento feminino, não era permitido dançar junto, pois não podíamos perder de vista a seriedade do ambiente do quartel. Cabia ao comandante do batalhão a sensível decisão de estabelecer o ponto de equilíbrio entre o lazer, a prontidão e a disciplina. O lazer era uma atividade muito importante para manter o moral da tropa elevado, mas estar em condições de cumprir as nossas missões constituía o aspecto de maior peso em minhas decisões.

Um bom exemplo da importância de estar em prontidão, entre tantos outros que poderia narrar aqui, ocorreu na festa de virada do ano, de 2015 para 2016. Naquela data, por ser um evento tão especial, alguns militares me solicitaram que fosse mais tolerante com o consumo de bebida alcóolica, argumentando que os cabos e os soldados receberiam essa notícia com muita alegria. Confesso que cheguei a me questionar se não estaria sendo inflexível, mas, embora tivesse escutado todas as sugestões, mantive as ordens e as restrições.

Reunimos todo o contingente brasileiro no pátio de formatura do batalhão e fizemos a contagem regressiva para a virada do ano. Cada militar que não estava de serviço ou de patrulha pôde beber uma taça de espumante e, depois, comemorar o Ano-Novo nas áreas de lazer das companhias, onde funcionaria a restrição de duas latas de cerveja.

No entanto, por volta de quinze minutos após a virada do ano, recebi a informação de que um oficial chileno havia sido atingido por um tiro de fuzil nas costas e seria levado de helicóptero para o hospital da ONU, localizado ao lado do nosso batalhão. Seria necessário que nossos militares preparassem o local e fizessem o balizamento noturno para o pouso do helicóptero. E tudo deveria ser feito no menor espaço de tempo possível.

Rapidamente acionei o grupo de operações que, em poucos minutos, recebeu o helicóptero e conduziu o seu pouso em segurança. Alguns instantes depois, fui alertado que deveria novamente operar o local de pouso porque a situação do ferido era tão grave que ele seria transportado, também de helicóptero, para um hospital com maior capacidade na República Dominicana.

No momento em que vi a tropa trabalhando de forma muito eficiente, tive a certeza de que a minha decisão relativa ao consumo de bebida alcoólica fora a mais adequada. Fiquei imaginando o que ocorreria caso um militar alcoolizado cometesse uma falha e causasse algum acidente com aquele helicóptero. Nada justificaria esse erro.

Com esse episódio guardei um grande ensinamento. Não se deve colocar a missão em risco para agradar à tropa. Os riscos a serem admitidos por um comandante devem ser por motivos realmente importantes. No caso do episódio narrado, não se justificava, pois muitas outras oportunidades de lazer surgiriam, posteriormente, sem que fosse necessário pôr a missão e o nome do batalhão em risco.

O comandante não deve se seduzir pela necessidade de ser querido pelos subordinados, pois, com o tempo, a honestidade de propósitos do chefe será percebida pela tropa. Isso é inexorável.

OS SUBTENENTES E OS SARGENTOS

Os subtenentes e os sargentos do BRABAT cumpriam tarefas de fundamental importância para o funcionamento do batalhão. A primeira delas, e mais difícil, era o comando de pequenos grupos de cabos e soldados. Nessa tarefa, eles funcionavam como um verdadeiro elo entre os oficiais e a tropa.

Eram eles que conduziam os cabos e os soldados, em última instância. Nas patrulhas ou nas operações no interior das favelas, onde éramos empregados, lá estavam os sargentos à frente de seus homens, dando o exemplo e mostrando o que deveria ser feito.

Sob o olhar dos comandantes de pequenos grupos, a tropa compreendia o que deveria fazer. Com o tempo, um simples gesto do sargento já sinalizava ao soldado que atitude tomar. Essa era uma tarefa vital do sargento – conduzir o grupo.

Havia um cargo ocupado por sargentos experientes que era o de adjunto de pelotão. Nessa situação, estes eram os militares de maior hierarquia nessa fração, após o tenente comandante do pelotão. Chegava a ser surpreendente a humildade e o profissionalismo com que se comportavam esses adjuntos de pelotão, considerando que se tratava de militares experientes, na maioria das vezes com mais de dez anos de serviço, subordinados a tenentes com menos de três anos de formados.

Mesmo maduros e conhecedores da profissão, sabiam exercer liderança sobre a tropa sem competir com os comandantes. Pelo contrário, faziam o papel de mediadores. Se, por um lado, defendiam a posição do comandante perante os subordinados, por outro argumentavam com o comandante de pelotão quando estas geravam alguma insatisfação à tropa. Além disso, exerciam o importante papel de levar os anseios da tropa a seu comandante, e essa arte era admirável.

Ao final, quase sempre, o adjunto de pelotão tinha grande influência sobre a harmonia entre o arroubo juvenil dos tenentes e a dura realidade vivida pela ponta da linha. Ainda que acompanhar de perto essas relações, dentro dos pelotões, fosse papel do comandante de companhia, eu fazia questão de observar como se dava essa dinâmica. Em determinada ocasião, em uma das companhias ocorreu um fato que vale a pena relatar.

Embora o comandante do pelotão exercesse adequada liderança sobre a tropa, o adjunto de pelotão, sem dúvida, era um líder que facilitava muito o trabalho do tenente. A liderança do sargento sempre fora utilizada para fortalecer a figura do comandante do pelotão. Contudo, quando o adjunto de pelotão teve um problema de ordem particular, relacionado à saúde de um membro da família, que quase o fez retornar definitivamente ao Brasil, percebi claramente a apreensão de todo o pelotão quanto à evolução dos acontecimentos.

Por fim, quando o problema foi superado e o sargento retornou do Brasil, onde fora cuidar da esposa, houve algo próximo à euforia por parte de todo o pelotão, inclusive de seu comandante. Na verdade, todos reconheciam o peso que aquele sargento tinha na dinâmica das relações daquela fração. Ele era um líder que desempenhava muito bem a função de elo entre o comando e a tropa.

Na composição das companhias havia, ainda, as figuras do sargenteante (encarregado do pessoal) e do subtenente (encarregado do material e da logística da subunidade). Estes eram os mais antigos no círculo dos subtenentes e dos sargentos, e desempenhavam funções de destaque. No BRABAT 23, observei que os comandantes de companhia souberam empregar muito bem a experiência desses profissionais.

Com mais de vinte anos de serviço, eles exerciam importante liderança não só sobre a tropa, mas principalmente sobre os sargentos mais modernos. Quando algum dos sargentos apresentava um comportamento inadequado, na maioria das vezes o problema nem chegava ao comandante da companhia, pois aqueles militares veteranos orientavam o desajustado e este se corrigia sem demora, de modo que parecesse que nada havia ocorrido.

Eles, inclusive, atuavam sob uma ótica positiva quando algum dos sargentos realizava alguma ação de destaque. Como veteranos do quartel, eles não só sabiam reconhecer o valor dos que trabalhavam bem, como também sabiam fazer chegar o fato meritório à autoridade competente.

Essa sequência de atribuições desempenhada por eles em todas as companhias, somada ao trabalho muito bem realizado pelos comandantes de pelotão e de companhia, fazia o batalhão funcionar como um organismo vivo, equilibrado e bem ajustado nas condutas individuais.

Como comandante de batalhão, eu observava e admirava toda aquela dinâmica. Raras foram as vezes em que tive de intervir para que a harmonia fosse restabelecida. No entanto, não houve um só dia em que eu deixasse de avaliar e acompanhar como tudo aquilo evoluía, afinal seria um erro inaceitável o comandante do BRABAT negligenciar o acompanhamento das relações humanas de sua tropa.

Outra característica marcante dos subtenentes e sargentos era o senso prático. Ninguém sabia realizar tarefas manuais melhor que eles. Nos fins de semana, quando fazíamos o churrasco para aquela tropa gaúcha, os subtenentes e sargentos eram os donos da atividade. Suas habilidades impressionavam. Até guloseimas de padaria apareceram nas refeições, feitas por quem nem sequer tinha relação com o trabalho de rancho.

Entre as atividades desempenhadas de forma silente por esse segmento, pode-se citar os trabalhos de cozinheiro, de mecânico de veículo blindado, de eletricista, de manutenção de grupos geradores, de manutenção das estações de água, de manutenção de equipamento de comunicações, entre dezenas de outras. Essas tarefas, embora simples, eram de fundamental importância para o funcionamento do batalhão.

Durante o nosso período no Haiti, fiz questão de visitar as oficinas e os locais de trabalho dos nossos sargentos técnicos. Na verdade, organizei um planejamento de visitas para não deixar de travar contato com ninguém. Além disso, fiz questão de elogiar e valorizar a realização daquelas tarefas que, para alguém desavisado, pareceria algo inexistente. Eram as entranhas do batalhão que davam a base para que todo o resto andasse bem.

Havia ainda um grupo de subtenentes e sargentos que trabalhava em seções do estado-maior do batalhão. Pela experiência ou mesmo pela especialidade, esse pessoal foi muito útil ao trabalho de assessoramento e aos planejamentos realizados, entre os quais destaco os intérpretes de idiomas, os especialistas de inteligência e outros membros das demais áreas.

Quanto à ótica da liderança, além dos diversos níveis de comando existentes na estrutura do BRABAT, alguns integrantes do meu estado-maior foram de relevante ajuda em liderar as praças[26]. Entre esses auxiliares, sem dúvida alguma, destaco o papel do meu adjunto de comando.

Ele, um subtenente experiente e militar excepcional, foi peça fundamental para que, muitas vezes, o comandante do batalhão tivesse a adequada leitura do que se passava na cabeça da tropa e tomasse as melhores decisões. No entanto, não abordarei o papel do adjunto de comando nesta lição, visto que mais adiante apresentarei esse tema de forma específica, tendo em vista a sua importância.

Ainda assim, fiz referência ao adjunto de comando porque, fruto de uma conversa que tive com ele, tomei uma decisão que favoreceu muito o exercício da liderança no âmbito do batalhão. Conversávamos sobre os subtenentes e sargentos que tínhamos e constatamos que havia muitos militares com alta capacidade de liderança, mas, por exercerem funções de contato limitado com a coletividade, sua influência positiva estava restringida.

Surgiu então a ideia de se criar um grêmio de subtenentes e sargentos. Um local de lazer onde haveria jogos, cinema e espaço

---

26 Círculo hierárquico que inclui os cabos, os soldados, os sargentos e os subtenentes.

para outras atividades sociais. No centro da base, havia uma casa de alvenaria vazia chamada de "Bar Haiti", que era quase perfeita para o nosso projeto. Fizemos uma série de melhorias nela e colocamos mobiliários e equipamentos, tornando-a um local muito confortável, ainda que com espaço limitado.

Promovemos uma eleição para escolher a diretoria. O perfil dos escolhidos foi cuidadosamente avaliado por mim e aprovado. Com esse movimento, colocaram em função de destaque, no âmbito dos subtenentes e sargentos, uma série de militares que, a partir de então, poderiam exercer legítima liderança sobre esse segmento.

Com isso, executamos várias atividades sociais no grêmio dos subtenentes e sargentos, as quais eram sempre feitas com o objetivo de cultuar valores militares e de homenagear pessoas, entre outros. Constituíam oportunidades nas quais eu podia me comunicar diretamente com esses subordinados e transmitir mensagens positivas e motivadoras. No entanto, é importante destacar que os comandantes de companhia também me acompanhavam e participavam das atividades.

Um bom exemplo de atividade que fizemos foi a homenagem ao subtenente Camargos, falecido no terremoto de 2010. Recebemos de sua família alguns objetos militares dele, usados na época em que estava no Haiti, e realizamos uma cerimônia em que batizamos o grêmio com seu nome. A esposa e os filhos participaram da homenagem por videoconferência e nos contaram como foi aquele dia fatídico ocorrido em 2010. Todos nós choramos ao ouvir a história.

Foi interessante saber que, além de uma referência para toda a família, ele era um grande profissional. Realmente foi um testemunho emocionante e construtivo. Com essa homenagem eu visava cultuar os valores de sacrifício pela missão e dedicação, os quais o subtenente Camargos bem representava.

A criação do grêmio dos subtenentes e sargentos foi uma importante ação para criar mais um canal de comunicação para o exercício da liderança, além de permitir que excelentes lideranças intermediárias exercessem, de forma legítima e oficial, influência positiva sobre o universo de subtenentes e sargentos do batalhão.

O alinhamento desses líderes intermediários aos meus objetivos de liderança gerou uma sinergia que impactou a conduta de um segmento que tinha o poder de influenciar todo o batalhão, como de fato aconteceu. Afinal de contas, eles eram o elo entre os oficiais e os cabos e soldados.

OS OFICIAIS

Os oficiais do BRABAT 23 ou desempenhavam a função de comandantes de tropa ou eram membros do estado-maior do batalhão.

OS COMANDANTES DE PELOTÃO

Os oficiais comandantes de tropa de menor nível hierárquico eram os tenentes comandantes de pelotão. Cada pelotão de fuzileiros possuía um efetivo de cerca de trinta militares. Já os pelotões técnicos, como o de engenharia, de manutenção e de outros segmentos, possuíam efetivos variáveis.

A função de comandante de pelotão exigia muito daqueles militares. No caso dos fuzileiros, a rotina era pesada, pois havia um ciclo de tarefas. No primeiro dia desse ciclo, o pelotão estava de patrulha; no dia seguinte, de serviço de guarda do quartel; e, no dia posterior, de prontidão, prontos para saírem a qualquer momento. Nesse dia, aproveitávamos para fazer reciclagem de instruções.

Nos dias de patrulhamento, executavam, no mínimo, duas patrulhas. Ao chegar dessa atividade, tinham de passar por um processo que chamávamos de "descontaminação". Esse processo incluía a limpeza dos armamentos, do fardamento e do próprio corpo, afinal não podíamos admitir que os militares trouxessem para o alojamento a sujeira com a qual haviam tido contato durante o patrulhamento. As patrulhas eram realizadas, quase em todos os casos, no nível pelotão. Havíamos aprendido, no passado, que o grupo de combate possuía um efetivo muito pequeno[27] para levar a cabo patrulhas em segurança e com capacidade de reagir a uma ação de fogo adversária.

Os patrulhamentos eram realizados durante todo o dia e a noite, em toda a área do batalhão e, principalmente, em Cité Soleil. Não se fazia patrulha com menos de duas horas de duração. Outro aspecto importante consistia no fato de a maioria dos patrulhamentos ter duas fases, e a primeira, de deslocamento motorizado, tinha como objetivo a cobertura de áreas extensas, ainda que fosse feito em baixa velocidade.

A segunda fase era a do deslocamento a pé. Essa forma de deslocamento, principalmente à noite, era uma forte mensagem para as gangues, para as autoridades e para a população em geral. Pretendíamos mostrar que o BRABRAT andava a pé, a qualquer hora do dia ou da noite, em qualquer lugar do Haiti. Não havia limites para o exercício de nossas atividades de segurança. "Nós éramos os mais fortes e nada temíamos." Essa era essencialmente a mensagem de poder que passávamos com nossa atitude.

Já os pelotões técnicos realizavam sua desgastante e discreta rotina sem a visibilidade dos fuzileiros. Esses militares acordavam de madrugada para iniciar a preparação da alimentação, ligar as estruturas de distribuição de água, fazer a manutenção dos geradores, preparar os veículos para os deslocamentos e

---

27 O efetivo de um grupo de combate no BRABAT era de oito homens.

Comandante do batalhão cumprimenta comandante de pelotão após uma missão

desempenhar outras atribuições. A tarefa de motivar esses subordinados e fazê-los se sentirem reconhecidos por seu trabalho exigia muito dos tenentes.

Muitos integrantes do BRABAT apenas se davam conta da existência das tropas técnicas quando faltava luz, água ou outro serviço essencial. Como os técnicos trabalhavam muito bem e esse tipo de problema raramente ocorria, alguns desses pelotões pareciam invisíveis aos olhos de muitos. As pequenas tarefas de rotina, ainda que não fossem as mais populares entre a tropa, eram essenciais ao funcionamento do batalhão. E esses comandantes de pelotão, muitas vezes de forma silenciosa, souberam conduzir e motivar as tropas.

E assim foi durante os sete meses em que estivemos lá. O tenente conduzindo o pelotão, nesse eterno ciclo de atividades e dura rotina, interrompida somente nas folgas ou quando nos reuníamos para desencadear uma operação com a companhia ou com todo o batalhão.

Os tenentes comandantes de pelotão do BRABAT 23 tinham entre 22 e 25 anos. Embora muito jovens, grande parte deles já havia comandado pelotão nas operações na favela da Maré, no Rio de Janeiro. Eles já conheciam seus homens antes mesmo de irmos ao Haiti, e seus pelotões já possuíam espírito de corpo. Com isso, a potencial vulnerabilidade que normalmente há em um tenente, que é a falta de experiência, não estava tão presente no grupo que compunha o BRABAT. E essa constituía uma grande vantagem para o exercício da liderança.

Nas atividades operacionais levadas a cabo pelo BRABAT 23, os tenentes sempre estavam à frente do pelotão, conduzindo-os pelo exemplo e cuidando de seus subordinados. Mesmo observando o comportamento deles de perto, sempre vi, além da coragem presente, atitudes responsáveis, como a de não colocar a vida dos subordinados em risco sem um motivo justificável.

Se eu fosse descrever as principais características dos comandantes de pelotão do BRABAT 23, diria que eram tenentes com excelente preparo físico, com um alto nível de conhecimento tático e técnico para o seu tempo de quartel, corajosos e vibrantes. Demonstraram possuir iniciativa por várias vezes, quando atuavam isoladamente, além de relativa maturidade profissional, particularmente para saber até onde ia sua liberdade de ação para decidir.

Como aperfeiçoamento, o único ponto que julgo que lhes faltava era um pouco mais de conhecimento do idioma inglês, particularmente para estabelecer contato com os policiais da ONU, quando as patrulhas eram realizadas em conjunto e com a polícia haitiana.

Ao percorrer rotineiramente as áreas de alojamento dos pelotões, sempre me deparava, nos poucos momentos de folga deles, com grupos reunidos, desfrutando atividades de lazer juntos. O ambiente era muito bom, quase familiar. Embora os integrantes dos pelotões trabalhassem e permanecessem juntos por quase todo o tempo da missão, verifiquei que o relacionamento de seus comandantes com a tropa era muito saudável.

Raras foram as vezes em que os comandantes de companhia tiveram de orientar os comandantes de pelotão a observar algum excesso de intimidade que afetasse a hierarquia e a disciplina. Essa foi uma preocupação constante minha, porém tudo muito bem conduzido e fiscalizado pelos comandantes de companhia.

Quanto ao aspecto da liderança, eu percebia que algumas de minhas ações, particularmente, causavam um efeito bem positivo no modo como me viam; por exemplo, havia a percepção sobre a sincera preocupação do comandante do batalhão com o bem-estar de seus subordinados. Era clara a sua satisfação.

Outro ponto que os fazia vibrar era o fato de o comandante de batalhão acompanhá-los nas patrulhas. Toda semana eu saía com um pelotão em patrulha, particularmente nas noturnas, em Cité Soleil. Sempre me entusiasmava quando observava o comandante de pelotão dando o exemplo de conduta aos homens, conduzindo-os, a pé, naquelas vielas escuras.

Integrado ao pelotão, com o fuzil em punho, eu me sentia um tenente novamente, fato que revigorava minha vocação de soldado, e isso, por si só, já valia todo o sacrifício de estar ali, naquela missão tão longe de casa. A vibração dos tenentes era algo que alimentava o meu entusiasmo.

Atribuo o alto padrão dos tenentes do BRABAT, inicialmente, ao rigor que tivemos no processo seletivo. Os cortes que realizamos de pessoal, no período de preparação, foram essenciais para que não levássemos à missão alguns oficiais limitados.

No entanto, mais importante que o processo seletivo, considero como principal fator de êxito, particularmente no caso dos militares do Exército, a alta qualidade da formação dos oficiais na Academia Militar das Agulhas Negras. O universo de escolha que tivemos para selecionar os comandantes de pelotão oferecia um adequado número de militares motivados, de excelente formação moral e de alto grau de conhecimento profissional. Muitos demonstraram ser líderes de alta qualidade que, com certeza, ainda trarão muitos frutos ao Exército.

OS COMANDANTES DE COMPANHIA

Os oficiais comandantes de tropa, de maior nível hierárquico, eram os comandantes de companhia, majores e capitães diretamente subordinados ao comandante do batalhão. O poder de influência desses militares sobre a tropa era grande, e seu alinhamento às diretrizes do comandante do batalhão foi um elemento fundamental para o êxito da missão.

Em suas companhias, eles eram não apenas os responsáveis por tudo que ocorria ou deixava de ocorrer, mas também os responsáveis por fazer justiça em seu âmbito de atuação, o que lhes dava o poder de sancionar e de elogiar formalmente. Também possuíam encargos logísticos e administrativos. Além de tudo isso, eram os responsáveis por planejar e executar missões operacionais em sua área de atuação. Quando o BRABAT atuava como um todo, a companhia atuava enquadrada no batalhão.

Na estrutura do BRABAT 23, possuíamos duas companhias de fuzileiros, um esquadrão de cavalaria de fuzileiros, uma companhia de comando e apoio e o Grupamento Operativo de Fuzileiros Navais da Marinha do Brasil. Sobre essa última tropa, tratarei mais adiante em seção específica.

Cada uma das companhias de fuzileiros e o esquadrão possuíam quatro pelotões de fuzileiros, totalizando cerca de 130 militares cada. Já a companhia de comando a apoio, com cerca de 200 integrantes, era composta dos seguintes pelotões:

comando, manutenção, suprimento, saúde, engenharia, comunicações e polícia do exército.

Quanto à liderança, a forma mais adequada para conduzir os comandantes de companhia foi a delegação – dando-lhes liberdade de ação. Eles eram oficiais com grande conhecimento profissional e muita inciativa. Como muitas vezes trabalhavam isoladamente, tinham de saber com clareza qual era a intenção do comandante do batalhão em determinada tarefa e a partir de qual momento terminava sua liberdade para decidir, pontos cuja determinação cabia a mim.

Durante a concentração do batalhão, em outubro de 2015, acompanhei as simulações de crises para as companhias, criadas pelo Centro Conjunto de Operações de Paz do Brasil (CECOPAB) que, de forma espetacular, conduziu a parte final de nossa preparação. Ao final dessas simulações, tanto os instrutores do referido centro quanto eu nos reuníamos com os comandantes de companhia e fazíamos uma análise do que havia ocorrido.

Além dos ensinamentos advindos dos erros e dos acertos, deixei clara aos comandantes das companhias a minha percepção sobre suas condutas, particularmente em relação às minhas diretrizes e intenções. Essas oportunidades foram de muito ganho para o alinhamento desses comandantes intermediários ao comandante do batalhão.

No Haiti, diferente do que ocorrera no treinamento, sabíamos que nem eu nem aqueles experientes instrutores estaríamos presentes nas ações de nível companhia. Os comandantes de companhia estariam sós, tendo de decidir muitas vezes sob pressão.

A maioria das simulações ocorreu de forma idêntica ao que aconteceu depois conosco no Haiti. Com isso, os comandantes de companhias já tinham estratégias claras sobre como agir e quais objetivos alcançar. De qualquer maneira, isso não evitou que o comandante do batalhão exercesse constante fiscalização sobre as ações e, ainda que poucas vezes, interviesse na conduta dos comandantes subordinados. Portanto, essa preparação surtiu muito efeito.

Cada comandante de companhia tinha as próprias peculiaridades, que variavam em relação ao rigor disciplinar, ao bom humor, à flexibilidade, à rapidez de raciocínio, entre tantas características que possuíam. No entanto, todos alcançaram alto nível de liderança com os subordinados. Sob a ótica da liderança, tal fato só veio a comprovar que não existe uma forma única de conduzir os subordinados.

Conforme já mencionado na lição anterior, no início da missão eu tive dificuldades para que um dos comandantes de companhia se alinhasse às diretrizes de conduta, o qual, mesmo após uma série de conversas e orientações, continuou trabalhando na direção contrária aos objetivos do batalhão.

Depois de concluir que não haveria melhora de comportamento por parte do oficial e que sua conduta afetava a hierarquia e a disciplina, resolvi, a princípio, destituí-lo e, posteriormente, repatriá-lo ao Brasil. Seu substituto, felizmente, foi um oficial que desempenhou um excelente trabalho e muito me ajudou. Com esse novo comandante de companhia, houve o realinhamento das condutas e o batalhão voltou a funcionar normalmente.

Feito esse reajuste, afirmo que os comandantes de companhia foram elementos de fundamental importância para o adequado andamento da cadeia de comando do batalhão. O fato de esses comandantes intermediários se alinharem produziu um efeito multiplicador e sinérgico dos resultados, que fez o batalhão funcionar como um bloco único.

Um ponto a se ressaltar no relacionamento com os comandantes de companhia era que, muitas vezes, eles me traziam pleitos dos subordinados. Não poucas vezes, mesmo discordando, eu atendia ao pedido apenas para prestigiá-los. Obviamente que,

Os comandantes de Companhia e de tropas especiais

nesses casos, os referidos pleitos não iam contra minhas diretrizes e eu discordava deles apenas por uma questão de ponto de vista.

Como soldado experiente, eu sabia que a tropa valorizava muito o comandante de companhia quando este lutava por eles, mesmo correndo o risco de, por sua insistência, não ser muito bem visto pelo comandante do batalhão. Com essa percepção, eu buscava proporcionar pequenas vitórias aos comandantes de companhia que, aos olhos dos subordinados, mostravam que seus chefes tinham prestígio e eram respeitados por mim.

Muitas vezes, quando me reunia com determinada companhia, era a oportunidade de relatar o atendimento de algum pleito como consequência da ação de seu comandante. E essa percepção por parte da tropa, em relação ao esforço de seu comandante de companhia por atendê-los, somava-se ao processo de consolidação da liderança daqueles chefes intermediários.

Outro ponto de destaque desses chefes intermediários foi o fato de que, durante as patrulhas de nível pelotão que eu acompanhava, eles sempre estarem presentes. Tal comportamento me deixava muito satisfeito porque, se tinha alguma observação, a fazia ao comandante de companhia.

Eu não queria passar aos comandantes de pelotão a impressão de que os acompanhava com a finalidade de identificar erros. Nesses casos, minhas mensagens buscavam ser sempre positivas e motivadoras. Caso houvesse algo negativo a ser corrigido, que não fosse urgente, caberia ao comandante da companhia fazê-lo, posteriormente, com cuidado para não gerar impactos negativos à motivação da tropa.

Por fim, quanto ao trabalho dos comandantes de companhia, concluo que estes foram altamente leais ao comandante. Com condutas profissionais, foram o mais importante fator de êxito de toda a cadeia de liderança do BRABAT 23.

OS OFICIAIS DO ESTADO-MAIOR DO BATALHÃO

O comandante do BRABAT possuía um grupo de assessores diretos que denominamos, na linguagem militar, de estado-maior. Esse grupo, composto de oficiais e de sargentos, era o responsável pelo planejamento e pela fiscalização das atividades realizadas pelo batalhão, bem como pelo suporte ao comando para as decisões a serem tomadas.

O grupo possuía, como consequência de um eficiente trabalho de seleção, oficiais do mais alto nível de desempenho profissional. No entanto, esse aspecto, embora apresentasse caráter majoritariamente positivo, se não administrado, poderia gerar alguns efeitos colaterais negativos.

Oficiais de alto desempenho estão acostumados a se destacarem positivamente no grupo e ver seu trabalho receber elogios perante a coletividade. Alguns têm a necessidade de serem ouvidos e, muitas vezes, ressentem-se quando seu assessoramento não é seguido pelo chefe. São, normalmente, ciosos de suas tarefas e, em alguns casos, possuem espírito competitivo; além disso, são críticos e exigem que os chefes deem o bom exemplo.

Tais características, quando presentes em muitos membros da equipe, podem gerar atritos que comprometam a sinergia do trabalho de todo o grupo. Portanto, desde a preparação, estava claro para mim que teríamos de ter muita habilidade na condução daquele seleto grupo. E essa sensível tarefa competia, principalmente, ao subcomandante do batalhão, como chefe do estado-maior do BRABAT.

Para minha felicidade, no exercício da função, o subcomandante não só gerenciou muito bem as características de cada membro do estado-maior como também coordenou as atividades das seções de maneira bastante eficaz. Com isso, o grupo do estado-maior conseguiu minimizar as ações individuais em prol da coletividade, e o trabalho do conjunto apresentou excelente rendimento.

Sou testemunha de que o estado-maior do BRABAT funcionou de forma sinérgica, facilitando muito o trabalho dos comandantes de companhia, que eram, em última instância, os que executavam o planejado pelo estado-maior. O bom ambiente de relacionamento foi a tônica que predominou durante quase a totalidade do tempo em que estivemos juntos. Logicamente, houve a necessidade de ajustes ao longo da missão, mas pequenas melhorias sempre são necessárias em todos os processos.

O bom relacionamento entre o comandante e o subcomandante do batalhão foi fundamental, pois algum atrito mal resolvido poderia vir a prejudicar a autoridade do comando do batalhão e comprometer as ações de liderança de ambos, tão importantes na cadeia de comando. Nesse caso, caberia a esses dois oficiais, já profissionais maduros, acertar as diferenças em caráter particular e as superar, pelo bem da missão e de toda a coletividade. Afinal, atritos no topo geram divisões na base.

No caso do BRABAT 23, pequenas discordâncias foram resolvidas em conversas francas e profissionais. Coube ao comandante prestigiar o papel do subcomandante e dar-lhe liberdade para trabalhar, sempre deixando claros os limites de sua autoridade. Tive a oportunidade de elogiar e reconhecer, de forma sincera, os méritos de seu trabalho frente aos subordinados, particularmente perante o estado-maior. Quando adotei tal atitude, percebi claramente que reforçava a figura da sua autoridade face a todos.

O comandante deve evitar o erro comum de, caso possua melhor relacionamento pessoal com um chefe de seção do estado-maior, saltar a cadeia de comando e desautorizar o subcomandante, pois esse comportamento mina a hierarquia. Desse modo, o comandante deve atuar de forma que não haja dúvida, por parte dos chefes de seção, que devem obediência ao subcomandante, pelo fato de este ser o chefe imediato.

Ademais, cabe destacar que o subcomandante deve estar ciente das ações que envolvem o comandante. Afinal, caso haja algum problema que impeça o comandante de exercer o comando, o subcomandante será o seu substituto.

Além do subcomandante, o estado-maior possuía nove seções[28]: 1ª Seção (Pessoal); 2ª Seção (Inteligência); 3ª Seção (Operações); 4ª Seção (Logística); 6ª Seção (Comando e Controle); 9ª Seção (Assuntos Civis); e 10ª Seção (Relações Públicas), além da Fiscalização Administrativa e da Célula Logística de Ligação.

A 1ª Seção executava o controle do efetivo, a coordenação das folgas da tropa e o pagamento de pessoal, entre outras missões. Essa seção se destacava das outras pelo alto nível de organização. Desde o período de preparação, a 1ª Seção mostrou eficiência, obtendo 100% dos acertos nos exercícios simulados pelo CECOPAB.

---

28 Não existiam as 5ª, 7ª e 8ª Seções.

O chefe da 1ª Seção era um oficial meticuloso, responsável e muito dedicado, o que me tranquilizou quanto ao resultado das sensíveis tarefas que sua equipe realizava.

Já a 2ª Seção era a responsável pelo trabalho de Inteligência e pela Contrainteligência. Por seu trabalho, sempre estive atualizado do que se passava tanto no âmbito do Haiti, como um todo, como sobre o que ocorria em nossa área de operações. A precisão dos dados recebidos dessa equipe foi de tal qualidade que, quando desencadeamos uma série de operações em Cité Soleil, quase sempre encontrávamos o alvo estabelecido.

Durante as manifestações ocorridas no período eleitoral, sua ação, posicionando os drones sobre a multidão e passando informações concretas sobre a evolução da situação, nos permitiu tomar decisões adequadas. Destaco, por fim, que o oficial da Marinha do Brasil, chefe dessa competente equipe, fez um trabalho excepcional.

A 3ª Seção, a de Operações, era o coração do BRABAT. Realizava o controle permanente de todas as tropas que atuavam no terreno, além do planejamento e condução das operações realizadas. Era uma equipe que funcionava 24 horas por dia e a principal responsável pela atividade-fim do batalhão.

Assim que fui informado que fora selecionado para ser o comandante do BRABAT, a primeira pessoa que escolhi para fazer parte do batalhão foi o oficial que desempenhou o papel de chefe da 3ª Seção. Além de possuir excelente conhecimento profissional, esse militar era como uma máquina trabalhando. Nunca parava. Foi um assessor de primeira categoria, que muito me ajudou ao longo dos sete meses de missão.

A 4ª Seção era a de Logística. Seus trabalhos de coordenação com a MINUSTAH foram fundamentais para sermos atendidos em todas as nossas necessidades de material que apoiava as operações. Essa seção se destacou, particularmente, durante as inspeções da ONU, quando seus resultados oficiais apontaram que o BRABAT era a tropa em melhores condições logísticas de toda a MINUSTAH.

Cabe, ainda, ressaltar o papel do chefe da 4ª Seção como elemento que ajudava na formação de um excelente ambiente de trabalho. Sua capacidade de agregar as pessoas foi algo que, em todos os momentos, destacou-se no âmbito do estado-maior. Mesmo nos momentos de tensão, sempre havia uma piada ou um comentário de bom gosto, que nos descontraía.

O chefe da 4ª Seção representou, sem sombra de dúvidas, um ponto de equilíbrio emocional sempre presente no estado-maior. Quando criei o cassino dos oficiais, um ambiente onde os oficiais poderiam se reunir para ver algum filme, jogar sinuca ou fazer algum festejo, não tive dúvidas de colocá-lo como presidente desse estabelecimento, função essa que desempenhou com maestria.

A 6ª Seção era a de comando, controle e comunicações. Seu trabalho no apoio às operações foi muito importante para que todas as ordens e informações fossem transmitidas em momento oportuno. Além disso, essa equipe desempenhou papel fundamental no bem-estar da tropa.

Atividades como o cinema, o BRABAFLIX e, principalmente, a manutenção e a administração da internet, afetavam positivamente o moral da tropa e, por consequência, contribuíam para a liderança do comandante do batalhão. Essa seção foi muito bem chefiada por um oficial da Marinha do Brasil.

A 9ª Seção, a de Assuntos Civis, era a responsável pela interação do BRABAT com as diversas agências da ONU, particularmente nos trabalhos relativos ao apoio à população. Tinha sua importância caracterizada por ser a face da "mão amiga" do batalhão, coordenando as atividades humanitárias realizadas.

Outro aspecto que valorizou o seu trabalho foi o excelente desempenho relativo à educação da tropa frente a temas sensíveis, como o tratamento com a população, as questões de gênero e a proteção de civis, que envolviam nossas operações e atividades internas. O chefe dessa seção foi um excelente oficial da Aeronáutica, que conduziu muito bem a dedicada equipe.

A 10ª Seção era a de Relações Públicas. Seu trabalho abrangeu um amplo espectro, desde uma série de atividades cumpridas em proveito do bem-estar da tropa até as relações do comandante do batalhão com os agentes externos. A criação de *banners* motivacionais para a tropa, a criação e a administração da página Família BRABAT 23 no Facebook, o Brabagram, o Flickr onde disponibilizávamos as fotos para os militares e seus familiares e os vídeos e reportagens que colocávamos no YouTube são apenas alguns dos produtos elaborados por nossa incrível equipe.

Todas essas ferramentas foram de fundamental importância para que se estabelecesse um adequado canal de comunicação entre o comando e a tropa e, também, com nossos familiares que nos acompanhavam do Brasil. Tais medidas contribuíram para o exercício da liderança conforme utilizávamos esses meios para transmitir mensagens e informações que motivavam tanto o nosso pessoal quanto os familiares.

Essa era outra seção que trabalhava quase 24 horas por dia. Lembro-me de que, tantas vezes, ao fazer a minha ronda noturna pela área interna do batalhão, via a luz do *container* da 10ª Seção acesa. Ao chegar lá, observava o chefe da seção conduzindo a equipe de forma altamente motivada e com bom humor. Sem dúvida alguma, muito aprendi com a convivência com esse oficial tão competente.

A Fiscalização Administrativa, mais uma seção que trabalhou muito bem, era a responsável por conduzir e gerenciar as atividades administrativas internas do batalhão. Setores sensíveis como o rancho, a provisão de água e de energia, e as compras, por exemplo, estavam sob a responsabilidade dessa equipe. Seu trabalho competente e discreto fazia com que todo o batalhão desfrutasse o mais alto nível de bem-estar possível.

A eficiência dessa equipe, aliada à competência do chefe, deu-me a possibilidade e a tranquilidade de me voltar quase exclusivamente para as atividades operacionais do batalhão, bem como para acompanhar de perto a minha tropa, aliviando-me, assim, de gastar preciosa energia com atividades-meio.

A Célula Logística de Ligação era a seção do estado-maior que desempenhava papel fundamental na coordenação da logística com o Brasil. Com suas videoconferências semanais com diversos órgãos, essa seção pôde prover o batalhão de suprimentos de grande importância para o seu funcionamento. Ela era a responsável por coordenar as atividades do Navio e do Voo Logístico que nos traziam produtos de primeira necessidade.

Seu eficiente trabalho não só contribuiu para o aumento da operacionalidade do batalhão, mas também para o bem-estar da tropa. Exemplos de realizações dessa seção foram, entre outras, a já citada aquisição de 1.200 kg de erva-mate, o que deixou a tropa gaúcha muito satisfeita, bem como os *containers* que trouxeram insumos para o preparo de feijoada para a tropa.

A Célula Logística de Ligação, junto à Seção de Logística e ao oficial responsável pelo controle do patrimônio[29] do batalhão, levaram a cabo um excelente trabalho de planejamento da desmobilização[30] do BRABAT, o que veio a acontecer aproximadamente um ano depois.

Muitos outros exemplos de tarefas efetuadas por essa equipe que contribuíram para a satisfação da tropa e, consequentemente, para o exercício da liderança do seu comandante poderiam ser dados. Sou grato ao chefe dessa seção pelo competente e dedicado trabalho na condução da equipe.

---

29 Patrimônio era todo o material de propriedade das Forças Armadas brasileiras que se encontrava no Haiti.

30 A desmobilização se caracteriza por todas as ações necessárias para a saída da tropa do país onde atua em missão. Envolve uma série de medidas logísticas e administrativas.

O excelente trabalho realizado pelo estado-maior do batalhão foi de fundamental importância não só para o êxito da face operacional do BRABAT, mas para dar ao comandante e aos comandantes intermediários uma série de ferramentas que permitiram o exercício adequado da liderança.

No entanto, a complexidade da integração de todas essas seções, bem como o gerenciamento do pessoal, demandaram não só diretrizes claras de parte do comandante do BRABAT, como um competente e exaustivo trabalho do subcomandante do batalhão.

OS MILITARES DE OUTRAS FORÇAS ARMADAS

No BRABAT 23, havia 4 militares da Aeronáutica e 181 da Marinha do Brasil. Desses, os da Aeronáutica e 6 da Marinha faziam parte do estado-maior do batalhão, enquanto os outros 175 marinheiros integravam o Grupamento Operativo de Fuzileiros Navais.

OS OFICIAIS DE OUTRAS FORÇAS QUE FAZIAM PARTE DO ESTADO-MAIOR

Precisei dar uma atenção especial aos que faziam parte do estado-maior. Desde o início me preocupei com a adaptação deles ao ambiente dominado pela esmagadora maioria de militares do Exército. Afinal, alojavam-se na Base General Bacellar e, portanto, tinham intensa convivência com a tropa do Exército, que também lá se instalara.

Eram militares experientes, que tinham muito a contribuir para o nosso desempenho. Três deles ocupavam função de chefia: o chefe da Seção de Inteligência e o chefe da Seção de Comando e Controle, ambos da Marinha; e o chefe da Seção de

Assuntos Civis, da Aeronáutica. Os outros sete, de menor hierarquia, ocupavam funções de adjuntos e auxiliares de seções.

A experiência ensina que, em grupos de grandes dimensões, há uma tendência de se discriminarem os diferentes, a minoria, um comportamento humano relativamente comum em coletividade. Ciente disso, desde o início busquei deixar claro a todos que eles eram tão membros de nossa equipe quanto qualquer militar do Exército. E deveriam ser prestigiados e valorizados por nos trazerem, muitas vezes, uma visão diferenciada de algumas situações, o que enriqueceria nossas análises e nos ajudaria a tomar decisões melhores.

No entanto, eu sabia que a forma mais incisiva de transmitir a mensagem de tratamento igualitário era dando o exemplo, pois somente assim eu faria os subordinados adotarem o comportamento mais adequado. Assim, desde os primeiros contatos, firmei minha relação com esses militares de outras Forças em algumas atitudes, dentre as quais destaco: deleguei-lhes difíceis tarefas ao longo de todo o período da missão, e tive a satisfação de vê-las muito bem cumpridas, o que desenvolveu sua confiança e seu prestigio frente ao grupo; fiquei atento para não perder oportunidades de lhes dar elogios legítimos frente à coletividade; e busquei prestigiar suas autoridades como chefes subordinados.

Outro fator que contribuiu para a boa adaptação deles ao grupo foi o trabalho do subcomandante do batalhão e dos chefes de seção. Assim como eu, eles deram o bom exemplo de como esses militares de outras Forças deveriam ser tratados. Assim, valorizaram-nos e os trataram igualmente como membros do grupo. Com isso, pudemos vê-los trabalhando altamente motivados e satisfeitos.

Um ponto em que considerei muito positivo possuir oficiais da Marinha no meu estado-maior foi a ajuda que me deram na condução do Grupamento Operativo de Fuzileiros Navais. Por meio deles, aprendi que, por mais semelhantes que sejam as tropas do Exército e da Marinha, há diferenças marcantes.

Tal fato me ajudou a compreender condutas que não eram comuns entre os militares do Exército e a adaptar meu modo de comandá-los. Sem dúvida, entender a cultura e os valores dos fuzileiros navais me facilitou muito a sua condução.

Ao final da missão, tive o prazer de ouvir de um capitão de corveta[31] da Marinha do Brasil que ele nunca havia se relacionado tão bem em uma equipe quanto no nosso BRABAT. Dessa forma, e pela clara percepção que todos tivemos da satisfação daqueles militares em fazerem parte de nosso grupo, verifiquei que o objetivo de integração deles ao coletivo havia sido plenamente alcançado.

O GRUPAMENTO OPERATIVO DE FUZILEIROS NAVAIS

A tropa de fuzileiros navais era composta, conforme dito anteriormente, de 175 militares. Eles estavam instalados na Base Acadêmica Raquel de Queiroz, ao lado de nossa base. Eu só fui ter o primeiro contato com essa tropa já no Haiti, uma vez que o treinamento na Marinha fora feito de forma separada da preparação no Exército.

Esses fuzileiros, já veteranos de uma série de experiências de operações de pacificação no Rio de Janeiro, deram-me muitas alegrias. Logo no início, por nunca haver comandado alguém da Marinha, fiquei um pouco apreensivo sobre qual seria a melhor maneira de conduzir aquele grupo. Contudo, presumi que aquela Força Armada deveria ter feito um sério processo de seleção do comandante da tropa, e que ele deveria ser um oficial de alto nível profissional. Apostei minhas fichas nessa premissa.

---

31 Primeiro posto de oficial superior na Marinha do Brasil. Esse posto corresponde a major do exército ou da força aérea. A designação "capitão de corveta" deve-se ao fato de ser função do posto o exercício do comando de uma corveta, um tipo de navio de guerra.

Assim, tomei a primeira e decisiva decisão como comandante do BRABAT em relação aos fuzileiros navais: – resolvi conduzir aquele grupo delegando ao máximo as missões a seu comandante. Eu transmitia minhas diretrizes e lhe dava toda a liberdade para trabalhar.

Para minha sorte, todas as vezes em que fiscalizei minhas ordens, percebi que estavam sendo bem cumpridas e tive a grata satisfação de ver tudo funcionando muito bem na área de responsabilidade que lhes atribuí. Aquele comandante subordinado exercia plena liderança sobre a tropa, em grande sintonia com minha forma de comandar.

Uma atitude que mostrou o alto nível profissional do comandante do Grupamento Operativo ocorreu quando me dei conta de que, muitas vezes, quando eu dava ordens somente para o pessoal do Exército, por serem apenas de caráter administrativo, o comandante daquela tropa as copiava e, por iniciativa própria, as repassava ao seu pessoal como se fossem ordens dele.

Aos fuzileiros navais do Grupamento Operativo eu não dava algumas ordens porque, não conhecendo bem sua cultura profissional, não tinha certeza de que seriam adequadas a eles. No entanto, o comandante deles sempre ressaltava que, como integrantes do BRABAT, queriam estar sempre alinhados comigo. Essa conduta disciplinada me deu a certeza de que aquela tropa me traria muita satisfação profissional, como de fato ocorreu ao longo da missão.

Há várias experiências marcantes que vivi com os fuzileiros. Um dos episódios que me deixou muito satisfeito ocorreu quando o comandante do Grupamento Operativo me convidou, pela primeira vez, para acompanhar uma patrulha noturna em Cité Soleil com um de seus pelotões.

A patrulha se realizaria em 7 de janeiro, dia do aniversário do tenente comandante do pelotão que a conduziria. Ela estava planejada para ser feita em duas fases, durante a noite: na primeira, nos deslocaríamos em veículos motorizados e blindados, de modo que pudéssemos cobrir uma área relativamente grande; na segunda fase, nos deslocaríamos a pé por uma região mais sensível, conhecida como BOSTON, no interior de Cité Soleil.

Durante a emissão das ordens, o tenente, ao estabelecer a conduta em caso de confronto com gangues, disse que o pelotão deveria responder ao fogo[32], e um grupo ficaria a cargo de me colocar dentro de um veículo blindado para minha proteção. Isso me soou mal. Se agissem assim, eu estaria atrapalhando a resposta da tropa à ameaça. Nesse momento, tive de intervir na ordem do tenente e determinar que, caso houvesse confronto, o pelotão deveria fazer frente à gangue e que eu saberia me proteger.

Entendi a preocupação do comandante do pelotão em proteger o comandante do batalhão. No entanto, minha intenção em patrulhar com a tropa ia na direção contrária àquela ordem. Eu buscava mostrar que o comandante de batalhão também executava as tarefas de risco inerentes à profissão de soldado. Eu não podia ser percebido como um objeto a ser protegido.

O patrulhamento ocorreu em uma noite escura. Em alguns pontos, nem sequer víamos bem o vulto do companheiro que caminhava à frente. Houve um momento em que iríamos entrar em um beco escuro e ouvi o tenente perguntar ao comandante do Grupamento Operativo se seria prudente entrar ali com o comandante do batalhão.

Fiquei atento para a resposta dada. Ao ouvir a voz daquele comandante responder que entraríamos e que o comandante do batalhão era "guerreiro", não pude deixar de me sentir satisfeito. Essa era exatamente a mensagem que eu buscava passar à tropa.

Eu sempre tinha em mente que o risco de morte era o estressor que mais os afetava, conforme as pesquisas realizadas durante a preparação para a missão. Essa atitude do comandante do batalhão, de estar presente ao máximo nas situações de risco, constituía uma medida que visava minimizar esse estressor.

---

32 O termo "fogo", no jargão militar, é sinônimo de tiro.

Eu não podia perder as oportunidades que se apresentavam a minha frente para exercer a adequada liderança.

Outro episódio interessante aconteceu no final de janeiro de 2016, ainda na fase inicial da missão. No dia 22 daquele mês, por questões de segurança decorrentes de uma série de manifestações violentas, o governo do Haiti resolveu cancelar o segundo turno das eleições presidenciais previsto para ocorrer em 24 de janeiro. No entanto, essa decisão não fez as manifestações cessarem.

Em 25 de janeiro, no final da tarde, o general comandante do Componente Militar me telefonou e determinou que preparasse a tropa para sair à rua. Disse-me que ficasse em condições de dispersar uma manifestação violenta que ocorria na frente do parlamento haitiano.

Segundo os padrões e normas estabelecidas pela MINUSTAH, o BRABAT, quando acionado para esse tipo de missão, deveria estar em condições de deslocar, nos primeiros trinta minutos, um efetivo de um pelotão[33] para o local da ação. Na sequência, em até duas horas após o acionamento, o batalhão deveria deslocar o comando de uma companhia e mais dois pelotões, o que, somando-se ao que saíra inicialmente, totalizaria um efetivo de cerca de 120 militares.

No caso do acionamento ocorrido em 25 de janeiro, em apenas quarenta minutos, deslocamos um efetivo de sete pelotões, divididos em três comandos de subunidades. Foram mais de 200 militares postos na rua nesse pequeno espaço de tempo. Eu me sentia orgulhoso do estado da organização de minha tropa.

Esse nível de prontidão era fruto de muito treinamento e suor, realizado tanto durante a preparação no Brasil quanto no dia a dia no Haiti. Até mesmo o general comandante do Componente Militar, que se transladou ao batalhão para acompanhar pessoalmente aquela operação, fez questão de se dirigir à tropa e elogiar sua presteza.

---

33 Cerca de trinta militares.

No entanto, nesse episódio, cabe uma referência elogiosa aos fuzileiros navais. Eles foram os primeiros a se apresentarem para mim com toda a tropa pronta para sair. Em menos de trinta minutos, os fuzileiros haviam aprestado três pelotões e o comando de sua tropa, fato que me impressionou e me fez sentir mais confiança naqueles soldados, pois aquela resposta tão rápida mostrava treinamento, motivação e disciplina.

Confesso que, posteriormente, utilizei-me daquele episódio para fomentar uma sadia competição entre a tropa do Exército e a da Marinha. Eu disse a meus comandantes subordinados do Exército que não aceitava que eles fossem menos rápidos que os fuzileiros. Tal fato fez os militares do Exército melhorarem ainda mais, até que, no acionamento seguinte, reagissem em igualdade de condições com o pessoal da Marinha.

Na sequência da operação, deslocamos nossa tropa e a concentramos na base de Cité Soleil, a qual se situava relativamente próxima ao parlamento. De lá, passei a receber os relatos da equipe de inteligência sobre o que ocorria no local. Com um drone sobrevoando a área e uma equipe de reconhecimento no terreno, verificamos que a manifestação estava perdendo o ímpeto com o entardecer.

Com isso, nos deslocamos para próximo à multidão onde realizamos uma demonstração de força, com a intenção de dissuadir aquele grupo de efetuar qualquer ato violento. Como o resultado foi positivo e a multidão se dispersou, decidi retrair a tropa para a nossa base e finalizar a operação.

Embora não houvesse ocorrido confronto com a multidão, esse episódio, passado menos de dois meses após o início da missão, mostrou que a tropa dos fuzileiros navais era muito bem preparada e estava à altura da tropa do Exército que eu tanto treinei. A cada evento eu os conhecia mais e assim se consolidava a confiança neles.

Diversos episódios com os fuzileiros navais ocorreram ao longo dos sete meses de missão, como quando tive a oportunidade de progredir na favela com eles nas operações ANCHANTÉ e BROOKLIN – BOSTON. No entanto, o principal ensinamento de liderança que ficou, após tudo, foi que devemos respeitar a cultura profissional e os valores de cada grupo.

O tratamento dado aos fuzileiros foi de acordo com suas características e necessidades. Não tentei, em momento algum, impor a cultura do Exército àqueles valorosos soldados. Além disso, não tenho dúvidas de que a valorização e a liberdade de ação que dei ao seu comandante só fizeram fortalecer a minha liderança sobre eles.

O SEGMENTO FEMININO

Quanto ao segmento feminino do BRABAT 23, além do tratamento geral dado a todos os integrantes do batalhão, focalizei minha relação na igualdade de oportunidades e no igual exercício do poder em relação aos homens. Não só por minha parte, mas também conduzi meu estado-maior e meus comandantes intermediários a adotar a mesma linha de conduta.

Dos nossos 850 integrantes, 22 eram do segmento feminino. Embora as mulheres tivessem várias expectativas comuns, o grupo era muito heterogêneo, o que transformava a tarefa de liderá-las em algo relativamente complexo. Por um lado, possuíamos duas majores com cerca de vinte anos de serviço e com mais de quarenta de idade. Ambas profissionais maduras e experientes. Em outro extremo, possuíamos tenentes com menos de um ano de serviço militar e com idades entre 26 e 30 anos.

Somada a essa diversidade de experiência profissional e militar, e de idade, estava a grande variedade de formações e os diferentes graus hierárquicos. Eram oficiais e sargentos que desempenhavam funções de intérprete, de médicas, de dentistas, de auxiliares de enfermagem, de jornalista, de relações públicas, de farmacêutica, de fisioterapeuta, de nutricionista, de veterinária, entre outras.

Como oficial de carreira de infantaria, desde os bancos escolares, recebi orientações e instruções sobre como conduzir grupos de homens em situações de crise. Além disso, há vasta bibliografia disponível sobre o tema. No entanto, embora fosse um militar experiente, nunca havia tido acesso a qualquer literatura que orientasse a conduta de chefes voltada ao pessoal feminino, particularmente quanto à mistura de homens e mulheres em organizações militares em operações.

Eu ainda não havia tido experiência de liderar mulheres no terreno. Portanto, tive de conceber uma linha de trabalho baseada apenas em minha percepção e no que havia aprendido das experiências dos contingentes anteriores.

As diversas restrições que o código penal e os regulamentos militares impõem às relações pessoais no ambiente militar, associadas ao confinamento e ao rigor disciplinar, geravam elementos de tensão que afetavam o comportamento do grupo, que não aparecem em situações de rotina no Brasil.

Tanto o Exército, na preparação, quanto a própria ONU, durante as operações no Haiti, haviam desenvolvido conosco cursos e instruções sobre igualdade de gênero. Além disso, havia a solicitação do escritório de gênero da MINUSTAH para que os comandantes de tropa buscassem o empoderamento feminino, colocando as mulheres em situações nas quais exercessem funções que lhe conferissem poder.

No entanto, isso não era simples. Cada militar, de acordo com sua qualificação profissional, exercia uma função para a qual fora selecionado durante a preparação. Não era possível, por exemplo, eu colocar uma farmacêutica na função de comandante de pelotão ou mesmo uma médica chefiando a célula de planejamento de operações militares, uma vez que elas não eram qualificadas para tais tarefas.

O que poderia fazer era colocá-las em situações temporárias nas quais ficassem em evidência. Como exemplos, posso citar a colocação de mulheres, de forma alternada com os homens, como guias durante o treinamento físico ou mesmo como oficiais de serviço, cuidando da segurança da base. No entanto, eu precisava ser cauteloso, pois tinha consciência de que, se o comando do batalhão desse algum tratamento privilegiado ao segmento feminino, essa conduta estimularia a discriminação por parte da maioria masculina.

Portanto, todo o meu trabalho em relação ao segmento feminino foi realizado com base na crença de que as mulheres devem ser respeitadas e tratadas de forma igualitária, considerando, particularmente, seus méritos e suas qualificações para receber tarefas de relevância.

As diferenças de tratamento que o comandante pode dispensar a esse segmento, quando comparadas a outros, devem estar voltadas para as características comuns de quem compõe esse grupo. Não cabe diferença de tratamento relativo a oportunidades ou ao exercício da autoridade. No caso do BRABAT 23, há diversos episódios que bem caracterizam essa minha postura como comandante.

Apenas cinco dias depois de assumirmos o comando do BRABAT no Haiti, desencadeamos a Operação ANCHANTÉ em Cité Soleil, para a qual foram empregados cerca de 500 militares. Nessa operação, determinei que a tenente jornalista do batalhão acompanhasse a tropa que iria à frente na progressão no interior da favela. Mais do que a intenção de que reportasse a nossa ação, eu queria que ela compreendesse as sensações que envolviam um soldado naquele tipo de operação, pois, somente com essa experiência, a tenente poderia ter a fiel percepção do que a tropa passava.

Inicialmente, percebi que ela ficou um pouco apreensiva ao receber a minha determinação de participar da operação dessa forma, o que era normal, pois sabíamos que toda entrada na comunidade gerava riscos. No entanto, seu orgulho era claramente perceptível ao término da operação, quando seu rosto refletia a satisfação da missão cumprida.

Nesse episódio, passei pela primeira vez a mensagem a todo o meu efetivo de que, desde que estivessem exercendo funções para as quais estavam qualificadas, as mulheres não seriam mais poupadas de situações de risco que os homens. E mesmo que naquele momento ainda não tivessem compreendido a intenção dessa mensagem, nela estava inserido o sentido de prestígio e poder, uma vez que todos eram tratados de forma igualitária frente ao nosso maior risco – o risco de morte. Aí estava um forte exemplo de igualdade de gênero.

Outra situação interessante ocorreu com a companhia que iria começar a missão na base de Cité Soleil. Em seus quadros havia apenas uma mulher, uma sargento auxiliar de enfermagem. Confesso que fiquei apreensivo em mantê-la confinada junto a mais de uma centena de homens, pois seriam cerca de três meses vivendo no espaço limitado daquela pequena base no meio da favela. Por outro lado, eu não queria afastá-la de sua função apenas por ser mulher, já que isso iria contra as minhas convicções.

Resolvi, então, chamá-la para conversar, pois queria saber qual era a opinião dela sobre o tema. Ao iniciar a conversa, a sargento mostrou uma postura séria e profissional, dizendo-me que já fazia parte daquela companhia desde que eles haviam sido empregados nas operações na favela da Maré, no Rio de Janeiro, e que ela cuidava de cada um como filho.

Quando levantei a possibilidade de a sargento não acompanhar sua companhia a Cité Soleil, ela foi taxativa, dizendo-me que não via sentido no fato de a companhia seguir sem ela. Disse-me, ainda, que era muito respeitada e querida pela tropa e, por fim, pediu-me que não a separasse do grupo com o qual vinha trabalhando há anos.

Aquele diálogo me causou uma impressão muito boa da sargento. Conversei com seu comandante imediato que também deu o parecer de que ela devia ficar com a tropa. Com isso, decidi deixá-la ir junto à companhia, apostando no que eu acreditava. Posteriormente, fiquei muito feliz ao perceber que, ao longo dos três meses que aquela tropa esteve em Cité Soleil, não houve qualquer problema com a sargento. Pelo contrário, ela sempre foi muito respeitada por todos.

Outro caso interessante ocorreu no segundo mês de missão, quando estávamos em plena preparação para atuar na segurança das eleições. Eu recebi do comando do Componente Militar a informação de que uma multidão estava se organizando na cidade de Jacmel, ao sul de Porto Príncipe, com a finalidade de incendiar urnas eleitorais.

Para evitar que isso ocorresse, eu deveria enviar uma força àquela cidade. Durante a preparação da tropa para ir a Jacmel, verifiquei que a médica da companhia e a enfermeira haviam sido trocadas por homens. Então questionei o comandante da companhia sobre o motivo da mudança, e ele me informou que as havia trocado pelo fato de serem mulheres. Determinei imediatamente que desfizesse a troca.

Aquela decisão do comandante da companhia ia frontalmente contra as minhas diretrizes de igualdade de tratamento. Acredito que, se as mulheres querem participar das atividades bélicas, por um lado elas têm de assumir os riscos da profissão que escolheram e, por outro, não cabe a quem as comanda adotar medidas que as tratem como pessoas a serem protegidas.

Quando a tenente chegou ao local onde a tropa se preparava, percebi que se sentia nervosa, então fui conversar com ela, que me falou que não saberia como agir em caso de confronto. Entendi seu receio, afinal, ela não tinha nem um ano completo no

Exército, além de ser uma médica recém-formada. Sua apreensão era plenamente justificável.

Eu lhe perguntei se sabia socorrer feridos, e ela respondeu que sim. Eu, então, lhe disse que confiasse em si mesma e nas instruções que havia recebido. Argumentei que ela estava totalmente apta a cumprir a missão. Em seguida, eles embarcaram para Jacmel. Durante a missão não houve confronto, e a tropa conseguiu dissuadir a multidão sem violência.

Ao retornar à nossa base, a tenente médica me disse que estava muito contente por ter participado da missão, e que eu confiava mais nela do que ela mesma. Essa frase me marcou e reforçou a ideia de que temos de dar aos subordinados o que eles precisam, de acordo com suas particularidades. Eu havia contribuído para o crescimento pessoal e para o aumento da autoconfiança daquela militar. Além disso, havia dado o exemplo a todos sobre como o segmento feminino deveria ser tratado.

Posteriormente, quando houve a troca da companhia de Cité Soleil, no terceiro mês de missão, essa mesma tenente, de forma semelhante ao que havia ocorrido com a sargento auxiliar de enfermagem, foi com a companhia passar quatro meses naquela comunidade. Nessa situação, ela foi como única mulher da tropa e teve um excelente desempenho na função de médica da companhia. Sua experiência foi muito enriquecedora.

Ao longo dos sete meses que lá estivemos, observei que a política de igualdade, gradativamente, conferiu prestígio ao segmento feminino perante o batalhão como um todo. O fato de não se esquivarem de tarefas sensíveis fez com que as mulheres fossem percebidas como iguais pela maioria masculina do batalhão, uma vez que tal conduta gerava a percepção de que todos eram igualmente sujeitos aos riscos inerentes à missão.

Cabe destacar que as tarefas eram realizadas de acordo com as funções desempenhadas por cada militar. A qualificação e o desempenho profissionais nos apontavam quem deveria cumprir determinada tarefa. A questão de ser do sexo masculino ou do feminino não interferia nesse processo.

Durante a missão, constatei que o nível profissional das nossas "guerreiras da paz" era bem elevado. Foi uma grande experiência conduzir esse grupo de mulheres corajosas em uma situação tão peculiar. No entanto, não foi fácil para mim estabelecer o ponto de equilíbrio na relação entre líder e lideradas. As conquistas vieram passo a passo, paulatinamente, não só na medida em que elas compreendiam as mensagens do comandante, mas também na medida em que eu me adaptava às suas peculiaridades.

Quero, ainda, destacar a atuação de duas figuras femininas como lideranças intermediárias. A primeira foi a major intérprete, que exerceu um papel de modelo de profissional naquele grupo, e, como mais antiga e superior hierarquicamente do segmento feminino, foi uma referência comportamental durante toda a missão – um excelente exemplo de conduta.

A segunda foi a capitão psicóloga, que possuía uma excelente interação com o grupo. Se, por um lado, a major intérprete era o modelo, a psicóloga era o termômetro por meio de quem eu acompanhava as percepções de todo o segmento. Ela era, além dos comandantes intermediários de cada uma das mulheres, um importante elo que me permitia estabelecer o adequado canal de comunicação entre o comando e as subordinadas. Sem essas duas figuras, a minha tarefa teria sido muito mais difícil. Sou-lhes muito grato.

OS PRESTADORES DE SERVIÇO HAITIANOS

O BRABAT 23 possuía, na Base General Bacellar, 96 prestadores de serviço haitianos (PSH). Já na base de Cité Soleil, havia outros 16. Eles eram contratados para realizar uma série de serviços, como trabalhos de limpeza, corte de grama, dentre outros. Essas tarefas eram de grande importância, pois criavam condições para que não tivéssemos de empregar a tropa em atividades que não fossem operacionais.

Na fase de preparação eu estudara a situação deles. Nas entrevistas com militares que haviam ido ao Haiti antes de nós, verifiquei que a forma de conduzi-los deveria ser muito peculiar, conforme veremos a seguir.

O contato diário com os PSH nos possibilitou identificar algumas características singulares daqueles haitianos, muitas delas bastante semelhantes às do nosso soldado brasileiro, algumas certamente devido aos mais de 10 anos de convívio com as nossas tropas. Em sua maioria, eles eram alegres e brincalhões e falavam bem o português.

Um aspecto divertido era a diversidade de sotaques regionais brasileiros que utilizavam. Acredito que isso tenha sido consequência da rotatividade dos vários contingentes brasileiros que integraram a MINUSTAH. Nosso contingente, por exemplo, era oriundo do Rio Grande do Sul, um batalhão, em sua maioria, composto de gaúchos. Os que nos antecederam eram do Rio de Janeiro. Por lá estiveram, ainda, tropas vindas de todas as regiões do país, e era bem engraçado ouvir deles expressões como "e aí, mermão", "bah tchê" ou "oxe", entre tantas outras. Tive a impressão de que cada indivíduo guardava as características dos contingentes com os quais eles começaram a aprender o português.

Como muitos deles eram fluentes em vários idiomas, alguns exerciam, em complemento a suas tarefas diárias, o papel de professor de línguas à nossa tropa. A convivência com eles era muito saudável, e, por meio das histórias que nos contavam de outros contingentes, aprendíamos um pouco mais sobre a participação de nossa tropa naquela missão de paz.

No entanto, curiosamente havia alguns que não se comunicavam por meio da linguagem. Não que tivessem algum problema na fala, eram apenas calados e observadores. Cito como exemplo desse comportamento a haitiana que trabalhava há mais tempo com a tropa brasileira. Ela tinha cerca 40 anos de idade e seu contrato de trabalho era o de número 001.

Embora estivesse trabalhando no BRABAT desde 2004, não se comunicava conosco por meio da fala. Na função de serviços gerais, ocupava-se das tarefas de manter as áreas do "quadrado e retângulo mágicos[34]" limpas. Às vezes, enquanto fazia a limpeza, balbuciava suplicando por algum tipo de auxílio ou donativo, algo que diminuísse sua situação de carência financeira e material. No entanto, normalmente não lhes dávamos dinheiro.

Certa vez, ela levou a mão à cabeça e com o dedo indicou seu cabelo, pedindo um xampu. O nosso assessor jurídico, que se relacionava com eles com zelo e afeição, comprou um xampu no PX[35], e isso, no dia seguinte, arrancou-lhe um grande sorriso. Pequenos gestos como esse foram criando, ao longo de mais de uma década de convivência, uma relação de amizade e confiança entre nossa tropa e esse grupo de haitianos.

Outro caso interessante se referia ao PSH que trabalhava como ajudante na academia de ginástica do BRABAT. Além dos seus afazeres no batalhão, também estava todos os sábados na "Feira da Paz[36]" expondo seus trabalhos artesanais em madeira. Ele foi um dos que tiveram muitas encomendas dos soldados brasileiros do BRABAT 23. Era muito querido e, até hoje, há militares do BRABAT 23 que mantêm contato com ele. Na verdade, com o advento das mídias sociais, esse contato ficou bem facilitado. Eu mesmo possuo muitos amigos PSH em minha página

---

34 Quadrado e Retângulo mágicos eram como os militares chamavam dois pátios internos da base General Bacellar.

35 PX era como se denominava um armazém existente no interior do campo militar.

36 Também conhecida como "feirinha", era uma feira realizada no interior do campo militar na qual os haitianos vendiam os mais diversos artigos aos militares que ali viviam. Havia de quase tudo. Desde artesanatos a mochilas, tênis, uniformes militares, telas etc. Ocorria aos sábados.

do Facebook e, às vezes, chegamos a conversar um pouco. Sei que o mesmo acontece com muitos outros que lá estiveram.

Também havia uma PSH bem extrovertida, que se parecia com a atriz e comediante americana, Whoopi Goldberg, de fato muito engraçada. Depois de ter ido ao Brasil (muitos haitianos obtinham visto brasileiro para buscar outros meios de vida no Brasil), ela regressou e apareceu no BRABAT querendo retornar ao seu "antigo emprego". O comandante de subunidade, na época, fez questão de contratá-la para trabalhar em Cité Soleil como intérprete. Assim foi feito. Ela era tão extrovertida que, no dia da visita do apresentador Luciano Huck, fez questão de sair de Cité Soleil para abordá-lo em frente ao rancho do BRABAT e entregar-lhe uma lembrança. Não faltou a foto, claro!

Entretanto, conduzir aquele grupo não foi tarefa tão simples. As minhas diretrizes sobre o trato com eles envolviam uma série de complexidades, desde questões relacionadas à segurança, passando por disciplina e até humanitárias. Mais uma vez, a arte de se conseguir um ponto de equilíbrio, envolvendo diferentes demandas, era o cerne do exercício da liderança sobre eles.

Na convivência diária, precisávamos ter um controle constante sobre seus comportamentos, pois questões pequenas envolvendo indisciplina, desvio de gêneros alimentícios e falta de assiduidades, assim como outras ocorrências, se faziam frequentes.

As tarefas para administrá-los eram descentralizadas. A nossa assessoria jurídica se encarregava da elaboração dos contratos, interpretação da legislação haitiana, adequações contratuais necessárias (mudança de subordinação ou função, por exemplo), procedimentos disciplinares de acordo com a falta praticada pelo PSH, rescisões, enfim, todos os procedimentos que exigissem conhecimento técnico jurídico.

Nesse sentido, procurávamos sempre abrir espaço para o diálogo e consenso, primando em manter um ambiente de trabalho tranquilo e satisfatório a todas as partes (haitianos e

BRABAT). Os nossos atos se baseavam na experiência dos outros contingentes e eram, principalmente, norteados pela Constituição e pela legislação trabalhista do Haiti. Os atos praticados durante a execução dos contratos de trabalho firmados com os haitianos eram todos registrados em Boletim Interno do BRABAT[37].

Como comandante do BRABAT, eu era o empregador. A assessoria jurídica era a gestora dos contratos e a encarregada do gerenciamento dos PSH que, por meio das companhias, executavam as tarefas relacionadas ao trabalho no batalhão. O fiscal administrativo também tinha um papel importante, já que um de seus trabalhos envolvia o controle dos valores que se destinavam ao pagamento dos PSH.

O G2 (oficial de inteligência), por exemplo, era encarregado de monitorá-los sobre questões relativas à segurança e, também, verificava sua vida pregressa no momento da contratação. Esse trabalho frequente tinha como objetivo proteger o nosso pessoal, já que muitos de nossos PSH residiam em regiões dominadas por gangues locais que poderiam ter interesses em ações desenvolvidas no contexto da MINUSTAH.

Embora primássemos pela solução consensual de várias questões envolvendo nossos PSH, houve um caso em que tive de tomar uma decisão bem sensível. Em 15 de dezembro de 2015, doze dias após eu ter assumido o comando do batalhão no Haiti, tivemos um caso de prisão em flagrante de dois PSH e um fornecedor civil por tentativa de furto de significativa quantidade de gêneros alimentícios.

Após tomarmos todas as providências legais necessárias para o flagrante, alguns militares me pediram que não demitisse os dois haitianos por conta do estado de miséria no qual se encontravam. Entretanto, na verdade, todos do batalhão ficaram ficado sabendo do ocorrido e esperavam para saber a

---

[37] Boletim Interno é o documento oficial por meio do qual o comandante torna públicos seus atos administrativos e suas decisões.

decisão do comandante. As opiniões do meu estado-maior estavam divididas sobre como deveria ser o desfecho do caso. Era a disciplina *versus* a questão humanitária.

Ao perceber a série de questões que envolviam minha futura decisão, resolvi, inicialmente, não me posicionar. Depois de dois dias pensando, tempo em que vivi um dilema típico de quem está em função de comando, tomei a decisão final.

Por um lado, a situação de pobreza pela qual eles passavam me fazia ter pena de demiti-los por roubo de alimento. Por outro, eu não podia admitir que uma atitude grave como essa passasse impune ou mesmo fosse punida de forma branda. Uma postura de fraqueza por parte do comando poderia incentivar futuras condutas delituosas. Pois bem, comandar nunca foi fácil mesmo!

Por fim, depois de muito pesar os elementos da questão, decidi demitir aqueles dois haitianos por justa causa, pois essa me pareceu a conduta mais adequada ao comandante, que representa o guardião da disciplina de seus subordinados. Eu não estava disposto a sofrer as consequências de uma possível omissão de minha autoridade.

Considerei que demonstrar aos haitianos que trabalhavam conosco que o comando do BRABAT 23 não iria tolerar condutas desonestas e criminosas era importante. E isso deveria ser feito logo no início.

Como resultado, foram praticamente insignificantes as ocorrências de desvio de conduta envolvendo nossos PSH posteriormente. A ação enérgica e exemplar adotada no início da missão mostrou-se oportuna; era mais uma crise que se tornava oportunidade. E eu me senti aliviado ao perceber que, ao decidir com firmeza, havia contribuído para a disciplina no BRABAT.

No entanto, cabe ressaltar que sempre consideramos o fator humano como base para nossas ações envolvendo os PSH, e sempre considerei esse fato com muito carinho na minha relação com eles. Afinal, estávamos em um ambiente caracterizado pela pobreza extrema e por grande carência de alimentos. Não podíamos apenas fechar nossos olhos para essas questões. Tínhamos de considerá-las em todas as circunstâncias.

Foram várias as ocasiões em que nossas guarnições de serviço, principalmente aquelas junto à entrada do BRABAT, observaram em revista algum PSH tentando sair do batalhão com gêneros alimentícios em poucas quantidades. Embora não pudéssemos ser coniventes, e de fato não fomos, sempre levamos em consideração o fator humano e o contexto do ambiente em que estávamos inseridos. Assim, aplicávamos pequenas sanções disciplinares, como a advertência, e, posteriormente, os ajudávamos da forma como podíamos.

A grande questão no trato com esses haitianos resumia-se em administrar a situação. A flexibilidade era uma característica fundamental para que conseguíssemos influenciar os PSH a adotar condutas desejáveis. Potencializando esse trabalho de influência, também promovemos confraternizações com o nosso "quadro de funcionários", ocasiões em que, além de um almoço festivo, o BRABAT proporcionava aos seus PSH a distribuição de cestas-básicas, gerando um excelente grau de satisfação por parte deles.

No último almoço com eles, uma haitiana nos homenageou cantando para todos os presentes. Ao iniciar o canto, ela foi seguida pelos demais PSH que fizeram um coro; era uma marcante demonstração de gratidão ao tratamento cordial e de camaradagem que tivemos com eles ao longo daqueles sete meses.

Naquele dia, perguntei ao PSH que havíamos escolhido como chefe deles o porquê de eles nos demonstrarem todo aquele agradecimento. Ele me respondeu com uma frase que me fez pensar durante vários dias: "porque vocês se importam conosco, meu chefe". Essa resposta me fez refletir muito sobre a natureza humana. No meio daquele caos, "nos importarmos" era o mais importante para eles. E isso fazia toda a diferença.

Os chefes de seção do Estado-Maior

Outro ponto relevante que buscamos copiar de BRABATs anteriores foi a execução de cursos profissionalizantes, para melhor capacitá-los para o mercado de trabalho haitiano e para a futura desmobilização do batalhão, que ocorreria em 2017. Perceba-se o quanto ampliávamos o nosso espectro de atividades envolvendo nossos PSH, preocupando-nos em deixá-los nas melhores condições possíveis para enfrentar o futuro incerto.

Devido ao carinho no convívio e à nossa sincera preocupação com sua situação de vulnerabilidade, logramos com êxito a sensível tarefa de conduzir aquele grupo de haitianos em um ambiente de harmonia, amizade e produtividade. Por fim, o BRABAT 23 deixou o Haiti com um grande número de amigos naquele país sofrido.

EM SÍNTESE

Dessa forma, finalizo a quarta lição destacando que, para alguém que pretenda liderar ter êxito, é fundamental conhecer bem as características de seus subordinados. Embora haja fundamentos gerais de liderança, não há uma forma padrão de tratamento entre o líder e os liderados. As pessoas possuem diferentes visões de mundo e, por conseguinte, diferentes perspectivas e necessidades, cabendo ao líder adaptar sua estratégia às peculiaridades de seus liderados.

Curso profissionalizante para os PSH

A tenente conduzindo o treinamento físico do batalhão

Convesando com um tenente

A quinta lição

COMUNIQUE-SE COM OS SUBORDINADOS

Um líder é alguém que sabe o que quer alcançar e consegue comunicá-lo. (Margaret Thatcher)

Comunicação direta com a tropa

Liderar é influenciar os subordinados na busca dos objetivos institucionais. É modificar comportamentos individuais e coletivos; motivar, inspirar e transformar pessoas, desenvolvendo ambientes de confiança mútua. Para que o líder influencie os liderados, ele terá de se comunicar com eles.

Não haverá liderança se não houver uma comunicação adequada e eficaz. Por melhor e mais capacitado que seja o líder, se ele tiver dificuldade em transmitir suas mensagens ou em perceber os anseios de seus subordinados, o fenômeno da liderança estará comprometido.

Nesta lição será apresentada a forma como se realizou a comunicação entre o comandante do BRABAT 23 e seus subordinados. Como foi possível, por meio de uma comunicação eficaz, alinhar condutas, valores e percepções de todo o batalhão na conquista de um eficiente desempenho de cada membro do grupo, em um saudável ambiente de camaradagem e de profissionalismo.

No entanto, um ponto fundamental da comunicação, o "exemplo" como elemento central da liderança, não será abordado nesta lição, em razão da importância do uso dessa ferramenta no processo de influência pessoal, o que lhe conferirá exclusividade na próxima lição.

CONCEBENDO UMA ESTRATÉGIA DE COMUNICAÇÃO

Levando em conta a importância da comunicação para o exercício da liderança, decidi que não podia realizá-la tendo por base apenas o sentimento e a intuição. Eu sabia que era necessário haver um planejamento para que interagisse com os subordinados de forma plena e integral.

Um fato que evidenciou a importância dessa interação foi compreender que, embora inicialmente houvesse sido concebida determinada forma de conduzir a tropa, o retorno recebido dos subordinados, sobre seus anseios e percepções, revelou a necessidade de reajustar essa forma. Ou seja, a comunicação obrigou que a forma de me relacionar com a tropa fosse alterada. Com isso, pode-se verificar que a relação entre líder e liderados é dinâmica e a capacidade de interpretar o retorno do subordinado tem impacto direto na execução da liderança.

Para conceber uma estratégia de comunicação, primeiro foram identificados os públicos-alvo e suas características, conforme apresentei na lição anterior. Naquela lição, não incluí a família dos integrantes do batalhão como um grupo a ser liderado, entretanto, para fins de comunicação, considerei importante dar uma atenção especial a esse público, uma vez que ele exercia forte papel de influência sobre a tropa.

Analisei uma série de meios para ver qual seria o mais adequado a cada público-alvo, considerando as características de cada um deles. No entanto, na maioria dos casos, ou praticamente em todos, um meio apenas não era suficiente para a diversidade de situações com que deparávamos. Por isso, foi preciso criar uma rede em que houvesse uma série de canais de comunicação sobrepostos.

CRIANDO UMA REDE MÚLTIPLA DE COMUNICAÇÃO

Minha ideia implicava compor uma rede complexa e redundante, de modo a fazer com que os subordinados recebessem as mesmas mensagens por intermédio de múltiplos meios, que estariam alinhados. Dessa forma, seria possível chegar até a ponta da linha, transmitir uma ideia, um valor ou um conteúdo de modo que todos o absorvessem e, com isso, provocar a mudança de comportamento necessária.

Cabe ressaltar que, além da seleção dos meios mais adequados, a forma de transmitir cada mensagem e seu conteúdo eram fundamentais para que se provocasse a mudança de comportamento desejada.

A fim de melhor explicar como planejei e estruturei a maneira de utilizar os diversos meios, dividi a forma de me comunicar em duas categorias: a direta e a indireta.

Falando com o batalhão antes da operação

A COMUNICAÇÃO DIRETA

A comunicação direta é a mais eficiente, pois, por meio dela, você coloca sua presença perante o subordinado, e este vai vê-lo e escutá-lo. Por isso, o efeito dessa forma de comunicação é profundo, e seu maior uso conferirá maior rendimento à interação.

No caso do BRABAT, eu usava várias formas para me comunicar diretamente: falava rotineiramente com as companhias, conversava com a tropa quando os soldados estavam prontos para sair para uma patrulha ou missões diversas.

Além disso, também me deslocava à Cité Soleil pelo menos uma vez por semana para manter contato com a tropa que lá se encontrava. Nesses contatos pessoais, eu buscava transmitir ideias, escutar os subordinados, interpretar corretamente as mensagens recebidas e responder adequadamente aos anseios que se apresentavam.

Um ponto muito importante nesse contato consistia em adequar a linguagem, o tom de voz e o estilo ao ouvinte. Ocorreram, por exemplo, casos em que eu queria esclarecer uma situação, explicar o porquê de ter dado uma determinada ordem ou tomado uma decisão, então, para isso, eu empregava um tom mais explicativo.

Em outros momentos, quando eu queria animar a tropa, adotava um tom motivacional, com mais vibração, mais brilho nas palavras, e a tropa recebia isso muito bem. Já nos momentos em que eu queria corrigir um comportamento coletivo, impunha um tom um pouco autoritário, mais assertivo e direto.

Com isso, busco mostrar que a linguagem deve ser adaptada não apenas ao subordinado, mas também à circunstância e à ideia que se deseja transmitir. Todos esses elementos devem ser observados. Essa forma direta de comunicação permitia que o subordinado interagisse com o comandante, fortalecendo a confiança mútua.

Se por um lado eles percebiam como eu pensava, por outro eu abria espaço para que todos pudessem perguntar e expressar as próprias ideias, tornando o processo saudável e produtivo. Todo dia, por exemplo, eu conversava com meu estado-maior e com os comandantes de companhia. Pela manhã, dispensava-lhes cerca de 30 minutos em uma sala de reuniões e transmitia minhas diretrizes. Mais que isso, eu falava de valores, ideias e pensamentos.

Outro fator relevante nesse tipo de comunicação foi a conversa nos momentos difíceis, como no final da missão, quando houve uma série de atrasos nos voos da ONU, o que gerou bastante ansiedade na tropa. Afinal, o militar avisava a família sobre quando iria retornar ao Brasil, criando expectativa nos entes queridos e em si próprio e, de repente, o voo era cancelado. Tivemos cerca de cinco cancelamentos seguidos, o que gerou muito estresse em todo o batalhão.

Essa situação afetou diretamente o moral da tropa, o que passou a exigir constantes intervenções do comandante. Particularmente porque, com o quinto cancelamento, o Comandante do Componente Militar decidiu solicitar ao Brasil que permanecêssemos um mês a mais. Em vista disso, foi necessária uma intervenção imediata e o mais direta possível.

Além de conversar com os comandantes de companhia, fiz questão de reunir todo o batalhão no pátio de formatura e explicar o que estava acontecendo e o que eu esperava deles. Resolvi motivá-los, despertar o orgulho gaúcho sobre suas tradições militares, afirmando que o que ocorria era apenas mais uma dificuldade da missão e que não poderia afetar o moral da tropa e o seu desempenho.

Essa conversa teve repercussão bastante positiva. Depois da formatura, percorri os alojamentos, conversando com a tropa, companhia por companhia, reforçando os argumentos que utilizara pouco antes no pátio.

Outra questão relevante envolveu buscar comunicar-se diretamente com as lideranças intermediárias, o que fiz ao longo de toda a missão. Dirigia-me tanto ao estado-maior e aos comandantes de companhia quanto a outras lideranças intermediárias, como os tenentes e os sargentos. Esse contato era frequente.

Trabalhei na criação de um hábito que acredito ter ajudado muito a comunicação com a tropa: o de percorrer as instalações do batalhão praticamente todos os dias, por volta de oito ou nove horas da noite, junto com meu adjunto de comando. Quando eu passava pelos alojamentos, vários militares estavam do lado de fora conversando, então me sentava com eles.

Essa conduta me permitia captar as percepções e ansiedades, além de ajudar bastante nos momentos de ajustar meu canal de comunicação e de adaptar minhas decisões à realidade que se apresentava.

Por fim, foi importante criar uma rotina de comunicação, pois me obrigava a interagir constantemente com os subordinados. Toda semana eu tinha de conversar com todas as tropas. Então, com um microfone, me dirigia às companhias, falava e escutava o que tinham a me dizer.

Havia, também, o momento do treinamento físico que realizávamos diariamente, outra oportunidade para me comunicar com os subordinados. Nas sextas-feiras, particularmente, quando fazíamos uma corrida com todo o batalhão, eu ia à frente para dar um bom exemplo. Além disso, outros eventos me proporcionaram a oportunidade de interagir com a tropa, como as festas de Natal e de Ano-Novo, a semana da mulher, o dia das mães e outras datas especiais. Foram vários os momentos importantes que aproveitei para fazer-me presente e interagir com todos.

A decisão de estabelecer uma rotina foi bastante relevante, porque permitiu construir uma estrutura de atividades que fazia com que não me esquecesse de estar permanentemente em comunicação com a tropa. A rotina também incluía acessar a página do Facebook, produzir filmes motivacionais e positivos, periodicamente, junto à equipe de comunicação social e ao grupo de operações psicológicas.

Aliás, cabe aqui um destaque ao grupo de operações psicológicas. Embora o trabalho que realizassem fosse voltado prioritariamente para públicos externos ao batalhão, na busca de mudança de seus comportamentos, suas orientações muito me ajudaram na elaboração de mensagens aos integrantes de nossa tropa. O profissionalismo e os conhecimentos desse grupo constituíram importantes ferramentas em todo o tipo de comunicação que o comando do batalhão realizou. Eles foram assessores que fizeram a diferença no desempenho do BRABAT 23.

A COMUNICAÇÃO INDIRETA

Outra forma de comunicação, a indireta, seguia, principalmente, a cadeia de comando, algo que sempre busquei valorizar e respeitar, particularmente na transmissão de ordens. O comandante pode transmitir ideias, valores e informações diretamente à ponta da linha, mas as ordens devem ser passadas seguindo a cadeia de comando.

Durante as reuniões matinais, aproveitava a oportunidade para dar diretrizes ao meu estado-maior, pois era ele quem fazia o planejamento, conduzia e fiscalizava as atividades de rotina do batalhão. Por isso, era fundamental me comunicar por meio dele, transmitindo minhas orientações; dessas reuniões também participavam os comandantes de companhia, que eram, sem dúvida, fundamentais por terem o comando direto da tropa.

No entanto, havia outros elementos de fundamental importância, como os subtenentes e sargentos. Na lição anterior, tratei da criação do grêmio referente a esse nível hierárquico, por meio do qual consegui ter melhor acesso a esse grupo, que constitui o elo fundamental entre o comando e a tropa. Ao alcançá-los, acredito ter atingido a ponta da linha de forma eficaz.

Contei, ainda, com importantes ferramentas institucionais, conforme detalharei na sétima lição: o capelão, que coordenava os encontros religiosos dos católicos, dos evangélicos e dos espíritas (por isso era muito importante alinhar as percepções com ele); a psicóloga, que fazia um eficiente trabalho medindo a percepção da tropa por meio de pesquisas de opinião, que me trouxe informação de qualidade para que eu ajustasse meus planejamentos; e o adjunto de comando, figura central de comunicação com as praças. Todos esses elementos foram cruciais, porque me permitiram fazer funcionar, em mão dupla, a interação com os subordinados.

Ainda quanto à comunicação indireta, não posso deixar de mencionar os meios utilizados, como as redes sociais, a exemplo do Facebook e do Brabagram. Esses meios, além de alcançarem a tropa, exerciam particular efeito sobre nossos familiares no Brasil. A seção de comunicação social e o grupo de operações psicológicas elaboraram vários filmes motivacionais e os divulgaram nesses meios.

A comunicação social, em especial, fez um trabalho espetacular, com uma série de cartazes distribuídos tanto na preparação, em Pelotas, quanto no Haiti. Eram mensagens direcionadas a diversos públicos, como o pessoal da Marinha, da Força Aérea ou específico para o segmento feminino. Esses cartazes, por meio dos quais passávamos ideias positivas e construtivas, possuíam mensagens motivacionais e foram espalhados por todo o batalhão, desde os banheiros até os alojamentos.

Houve, como já mencionei, materiais confeccionados para as famílias, como a carta que enviamos antes de embarcarmos para o Haiti. Ao término da missão, escrevi outra carta, mas essa direcionada aos integrantes do batalhão. Ambas se encontram expostas ao final desta lição. Escrevi a carta de despedida com base em minha experiência de outra missão de paz[38] e com muitos elementos que aproveitei de uma carta-modelo a que tivera acesso quando, durante a preparação, fiz treinamentos no CCOPAB.

COMUNICANDO DE FORMA EFICAZ

Para uma comunicação eficaz, além da utilização do canal e de meios adequados para o público-alvo que se deseja atingir, é preciso atentar para a forma de se transmitir a mensagem. Elementos como o tom de voz, a postura ao falar e até a apresentação pessoal afetam a percepção do conteúdo de quem recebe a referida mensagem. Quando eu queria falar de algo mais operacional, como envolvendo risco de vida, buscava falar com a tropa na oportunidade em que estivesse equipado, de capacete, fuzil e colete, o que passava a ideia operacional e contribuía para que os subordinados compreendessem a mensagem de forma mais completa.

Além dos aspectos já mencionados, existem, ainda, algumas características do conteúdo da mensagem que devem ser observadas. Uma delas é a credibilidade. É muito importante que um comandante que se proponha a liderar acredite no que esteja falando, pois, quando acredita, seu corpo todo transmite essa percepção de credibilidade: os gestos, as expressões, o uso da mão, o brilho dos olhos, seu tom de voz mais motivacional, mais sincero. Não se pode subestimar a capacidade de percepção do subordinado.

---

[38] No período entre outubro de 2001 e maio de 2002, fui integrante da Força Tarefa Argentina que atuou na Missão das Nações Unidas em Chipre.

Se você tentar transmitir algo em que não acredita, as expressões faciais e corporais vão contra o que você está dizendo. Portanto, a quem se propõe a liderar, é fundamental acreditar no que está falando aos subordinados. Outro ponto importante é o de se utilizar elementos motivacionais, seja para influenciar e inspirar o subordinado, seja para motivar uma mudança de comportamento.

Por exemplo, ao longo de várias falas eu buscava destacar o orgulho de estarmos na missão, de ser brasileiro e de fazer parte das Forças Armadas. Fazia questão de, na parte emocional, tecer elogios, como abordado anteriormente. Por isso, elogiava as tarefas bem-feitas e as lideranças intermediárias, para reforçar sua autoridade.

Também havia o elemento comportamental. Muitas vezes falava dos comportamentos desejados, como o cumprimento das regras, a firmeza nas ações, a coragem nos momentos de risco, o respeito ao povo haitiano, o respeito ao companheiro dentro da base, a amizade e a camaradagem.

Mais um elemento importante das mensagens foi a transmissão de informações diversas, como o que se passava no Brasil. Naquela época, algo que tive de explicar à tropa foi o processo de *impeachment* da presidente Dilma Rousseff. Além disso, outras informações que eu passava envolviam o que ocorria no Haiti e o porquê de diversas decisões que tomava. Enfim, compartilhava informação, mantendo os subordinados atualizados.

Estar ciente do que ocorre no seu país e no entorno faz com que os níveis de ansiedade se tornem mais baixos. Se o comandante não informa, os boatos, algo normal de ocorrer em coletividades, surtirão toda série de efeitos negativos sobre a tropa.

Outro ponto a ser observado é a questão das oportunidades, que não devem ser perdidas. Assim, toda vez que havia uma crise, eu precisava fazer a análise do problema e, na sequência, decidir qual postura adotar. A questão do tempo para tomar as devidas atitudes é fundamental. Se esse fator não for observado, há o risco de se perder a oportunidade de resolver a questão de forma eficaz.

Para ilustrar o aspecto da oportunidade para decidir e se comunicar, em especial em casos de crises, descreverei um fato que serve de bom exemplo. Em 24 de dezembro de 2015, véspera de Natal, eu estava preocupado com a reação que meus subordinados teriam por passarem aquela data comemorativa no Haiti. Em minhas pesquisas realizadas na fase de preparação, havia identificado que, no passado, a sensação de saudade dos entes queridos trouxera tristeza à tropa.

Conforme já abordei na segunda lição, eu estava convencido de que o Natal tinha de ser um dia alegre, no qual cultuaríamos os valores positivos que a data inspira e que estavam diretamente relacionados à nossa missão, como o valor humanitário, o amor ao próximo, a entrega por uma causa nobre e o idealismo. Tínhamos de fazer com que todo o batalhão visse aquela data sob o viés positivo. Nada de percepções negativas.

Embora todo planejamento devesse ter uma repercussão positiva, ocorreu um problema que colocou em xeque o êxito esperado. Como já mencionei na segunda lição, alguns dias antes do Natal, houve o episódio no qual um haitiano, ensanguentado, fugindo de uma das gangues de Cité Soleil, pulou para dentro da base do Porto e foi imobilizado pelo nosso pessoal de serviço.

No entanto, um cabo[39] nosso, durante a ação, acabou batendo a cabeça no chão. Na realidade, ele estava recém-recuperado de outra pancada na cabeça que recebera em uma atividade de lazer. Esse novo golpe, porém, o fez sentir sintomas como tontura e náuseas, que nos preocuparam bastante. Com isso, durante o dia 24, ele precisou ser internado no hospital argentino para fins de observação médica.

---

39 Esse cabo, embora estivesse presente no mesmo episódio, não foi aquele repatriado por estresse agudo, conforme narrado na segunda lição.

Esse cabo era uma pessoa bastante querida por todos e exercia forte liderança entre os soldados. Toda a melancolia que pairava no ar, e que eu tentava amenizar, por estarmos vivendo aquela noite de Natal no Haiti, juntou-se ao fato de o nosso militar ser internado no hospital, o que gerou uma comoção na tropa. Para agravar o problema, por meio das redes sociais, os familiares do rapaz e de vários outros militares ficaram sabendo do ocorrido, o que fez a situação começar a tomar contornos dramáticos. Era tudo o que eu não queria. Isso me deixou bastante preocupado, primeiro pelo estado de saúde do militar, mas também pelo impacto que causava à tropa e às famílias.

Quando fui ao hospital visitá-lo, vi que seu estado havia melhorado muito e as expectativas médicas eram as melhores possíveis. Com isso, pensei em como transmitir aquela melhora a todos, do modo mais imediato possível. Lembrei, então, que, quando estudei a história dos batalhões anteriores, no BRABAT 21, o comandante havia tido uma conduta espetacular quando um soldado foi ferido por tiro durante uma operação.

Na época, ele havia ido ao hospital, tirado uma foto com o soldado em bom estado, fazendo um gesto de "legal", e postado no Facebook. Isso havia acalmado a todos no Brasil como também a tropa em missão, que viu a boa recuperação do soldado.

Quando me lembrei disso, resolvi seguir o mesmo procedimento. Durante a visita, acompanhado do meu subcomandante e do meu adjunto de comando, colocamos um gorro de Natal na cabeça do cabo e tiramos uma foto dele com o sorriso aberto, fazendo o gesto de "legal", e postamos no Facebook. Impressionou-me a rapidez com que essa informação foi transmitida, bem como os comentários positivos postados, desejando um "Feliz Natal" a ele e agradecendo ao comandante as boas notícias.

Essa medida dissipou os boatos negativos que corriam pela tropa – alguns chegavam a dizer que a situação do cabo era grave, que estava quase morrendo. A fotografia neutralizou esse movimento e reverteu o quadro. Todos viram que ele estava bem, e perceberam, também, a imagem do comandante e do subcomandante ao lado dele, o que tinha um forte simbolismo.

Com essa ação, conseguimos uma noite de Natal como tinha de ser: alegre e com o culto a valores positivos. Pouco depois da festa, o cabo teve alta do hospital, recuperou-se e prosseguiu na missão.

Esse episódio mostra a relevância que a comunicação tem na tarefa de conduzir pessoas. Nesse caso, o fato de haver aproveitado o meio adequado – o Facebook – para difundir a mensagem de que tudo estava bem nos indicou que havíamos aproveitado a oportunidade. Não podíamos perder tempo. A postagem foi feita na tarde do dia 24. A adequação ao meio imediato e visual, e o conteúdo da mensagem transmitida, que foi de alegria, de saúde, de tranquilidade, surtiram efeito. Tudo isso foi primordial para o desfecho da crise.

Ao longo da missão houve vários outros casos em que tivemos a oportunidade de nos comunicar para neutralizar alguma crise ainda em fase inicial.

Outro episódio que marcou nosso esforço na comunicação com os subordinados envolveu a mensagem que buscamos que a tropa absorvesse, desde a fase da preparação, de que deveríamos cuidar sempre um do outro. Observar toda e qualquer mudança de comportamento e tomar as atitudes necessárias para se antecipar a um problema maior. Para isso, fizemos uma intensa campanha sobre a responsabilidade de todos para com o bem-estar coletivo.

Houve um caso em que uma série de atitudes corretas e imediatas salvou a vida de um subtenente. Em 29 de fevereiro de 2016, ele havia acordado bem cedo e pedalado por cerca de 45 minutos em uma bicicleta de nossa academia. Após o exercício, foi acompanhar uma tenente em sua corrida diária, já que, como militar formado em Educação Física, ele orientava uma série de militares quanto ao treinamento físico.

Ao final da corrida, o subtenente começou a sentir-se mal. Ele, então, se despediu da tenente e disse que iria descansar um pouco no alojamento. Por uma questão de coincidência, seu companheiro de *container* estava de folga e não se encontrava no batalhão. Assim, ele ficaria sozinho no alojamento.

A tenente, no entanto, preocupou-se com aquela situação e orientou que o subtenente fosse para a enfermaria do batalhão. Por fim, após a insistência da tenente, o subtenente resolveu atendê-la. Ao chegar na enfermaria, a médica que estava de serviço se mostrou bastante preocupada com os sintomas que o subtenente demonstrava e, imediatamente, decidiu removê-lo para o hospital argentino, que tinha maior capacidade para atender emergências.

Assim que cheguei de minha corrida matinal, fui informado de que o subtenente havia sido removido por suspeita de problema cardíaco. Resolvi, portanto, ir ao hospital argentino do jeito que estava, suado e com o uniforme de educação física. Ao chegar lá, deparei-me com uma cena que me impressionou, pois, naquele momento, já pela terceira vez consecutiva, os médicos argentinos reanimavam o nosso militar com um aparelho desfibrilador[40].

Eles demonstravam bastante nervosismo e discutiam entre si sobre como evacuar aquele militar imediatamente para um hospital de maior porte na República Dominicana. Comentaram que, caso a evacuação fosse feita de helicóptero, como era o procedimento normal, o doente não resistiria. Seria necessária a contratação imediata de um avião que possuísse uma unidade de tratamento intensivo.

---

40 Aparelho usado no tratamento das contrações das fibras do coração, quando rápidas e desordenadas (fibrilação), por meio de choque elétrico.

Imediatamente, telefonei para o Comandante do Componente Militar informando a situação e solicitando sua intervenção para que tudo fosse feito o mais rápido possível. Por volta das 21 horas daquele dia, o militar foi evacuado da maneira solicitada. Durante sua preparação para a remoção, trabalhei para acalmá-lo, uma vez que ele ficou bastante sugestionado com todo o nervosismo da equipe médica. Posteriormente, enviei um acompanhante de minha confiança para ficar com ele, que me manteve informado todo o tempo sobre a evolução da situação.

Na República Dominicana, o subtenente se recuperou rapidamente e, já em 4 de março, retornou ao batalhão com orientação de que estava sem qualquer problema. Fiquei preocupado com essa mudança tão rápida de situação e, por sugestão do médico do batalhão, decidi enviar o militar ao Brasil para exames complementares. No Brasil, como o resultado das avaliações médicas indicou que o militar estava bem e, como ele insistia em voltar, resolvi autorizar seu retorno ao Haiti, o que ocorreu sem sobressaltos. Até o final da missão, o subtenente não apresentou mais nenhum problema de saúde.

Para que o resultado desse episódio fosse o melhor possível, considero que foi fundamental a atitude da tenente em exigir que ele fosse à enfermaria em vez de ao alojamento. Ela não aceitou sua decisão de descansar e insistiu que agisse de forma mais prudente.

Portanto, o comportamento correto da tenente, somado ao da nossa médica, de solicitar imediatamente a evacuação ao hospital argentino, e à atuação dos médicos daquele hospital, que tiveram a habilidade de mantê-lo vivo no momento agudo da crise, salvaram a vida daquele militar. Foi um final feliz decorrente de uma série de atitudes exemplares e profissionais.

EM SÍNTESE

Como foi explicado, não é possível liderar sem comunicação eficaz. Os exemplos que foram dados nesta lição mostram a importância de se reconhecer o valor da comunicação para a liderança, e a relevância do planejamento para se comunicar com os subordinados. Analisamos a importância de se criar uma série de estruturas, de canais de comunicação direta e indireta e, por fim, de se comunicar de forma eficaz, com conteúdo adequado à situação e ao público, respeitando o princípio da oportunidade.

Agindo assim, foi possível alinhar os pensamentos, os valores, informar à tropa e produzir uma sinergia que contribuiu para que os comportamentos adequados fossem adotados e para que se tivesse um grupo motivado, informado e voltado para os objetivos da missão.

O cabo baixado no Hospital argentino na noite de Natal

Prezado Guerreiro (a) da Paz, o momento do nosso retorno ao Brasil se aproxima. Quando nos dermos conta, os dias terão passado rapidamente e já estaremos de volta. O retorno ao convívio da família pode ser um pouco diferente do que imaginamos. Com o tempo, as situações e até nós mesmos mudamos. Isso faz com que tudo pareça estranho nos primeiros dias da chegada. Por isso, vale à pena ficar atento a algumas considerações que podem ajudar na nossa reintegração:

- Se possível, leve pequenas lembranças para familiares ou amigos. Por mais singelas que sejam, demonstram que nos importamos com eles, mesmo estando distantes. Para aquelas pessoas próximas, dedique os presentes mais significativos e que você ache que elas gostariam de ganhar;

- É possível que, durante o tempo em que esteve no Haiti, sua família tenha desenvolvido novos modos de lidar com a rotina, até para suprir a sua ausência física. Você pode se sentir um "estranho no ninho", mas aos poucos verá que tudo voltará ao normal. O importante é manter a tranquilidade e, se for para melhorar o convívio, por que não aceitar as pequenas mudanças?

- Se você tem filhos, não estranhe se eles recorrerem mais à sua esposa ou ao seu marido. É normal. Afinal, você passou seis meses longe de casa. Mas o contrário pode acontecer. Algumas crianças não desgrudam dos pais de tanta saudade. Cada ser humano reage de uma maneira. Esteja preparado para ambas situações;

- É importante dedicar à sua família toda a atenção necessária nos primeiros dias. Adie aquele planejamento que, porventura, tenha feito para ficar a sós com sua esposa, marido ou com os amigos;

- É provável que a administração da renda familiar tenha mudado durante a sua ausência. Analise a melhor forma de lidar com essa situação, evitando desentendimentos;

- É compreensível que, na volta para casa você, esteja ávido por contar as experiências e valorizar o seu trabalho durante a Missão de Paz. No entanto, tenha cuidado para não parecer egoísta, falando apenas de você. Escute quem está à sua volta. Todos tiveram momentos importantes nesse período. Saber ouvir é sinal de gratidão!

Para finalizar essa nossa conversa, não tenha vergonha de demonstrar que sentiu falta dos seus familiares e amigos. Não economize olhares, gestos, gentilezas e palavras de carinho.

Guerreiro(a) da Paz, a nossa missão se aproxima do final. Agradeço a você todo o esforço e dedicação despendidos para alcançar, com afinco, os nossos objetivos.

Guardaremos agradáveis lembranças dos momentos vividos no Haiti. Foram seis meses em que amadurecemos, crescemos e mudamos para melhor. Aqui, fizemos amizades que levaremos por toda a vida. Aqui, formamos a Família Brabat 23!

Até logo!
Guerreiros da Paz

RICARDO PEREIRA DE ARAUJO BEZERRA - Cel
Cmt BRABAT 23

A frente da tropa durante operação na favela

A sexta lição

DÊ O BOM EXEMPLO

Os homens não se conduzem jamais com as prescrições da razão pura; têm necessidade de ver o seu ideal encarnado em um homem que os leve atrás de si, pela sedução do seu exemplo.
(Gaston Courtois)

Destacamento de Forças Especiais

Conforme já comentado em lições anteriores, o exemplo é o elemento central da liderança. Mais que a principal forma de comunicação entre líder e liderados, constitui, na verdade, a principal ferramenta de persuasão. Vale aqui reafirmar o ditado popular que diz: "as palavras convencem, mas o exemplo arrasta". Os chefes sempre serão copiados pelos subordinados, assim como os filhos copiam os pais, quer nos bons ou nos maus exemplos.

Tive um experiente professor de psicologia que acreditava que, para formar líderes, não precisaríamos dizer nada nem dar qualquer aula sobre liderança. Bastava colocarmos bons líderes à frente dos alunos, e estes os copiariam. Tal é a força que o exemplo tem sobre o comportamento dos liderados.

Em minha estratégia de liderança, o objetivo fundamental foi a conquista da autoridade moral para liderar a tropa, e eu sabia que só conseguiria essa autoridade por meio de bons exemplos. O comandante é observado o tempo todo; ilude-se o chefe que imagina que, em algum momento, os subordinados não estão medindo o seu comportamento.

No caso do comando do BRABAT, desde que eu acordava e saía de meu alojamento sabia que me observavam. A postura, o uniforme, o humor, a forma de tratar o subordinado, a participação nas atividades diversas, a presença nas operações, nas patrulhas e no treinamento físico militar, tudo era visto e avaliado pelos subordinados.

Além de buscar tomar atitudes moralmente corretas perante os subordinados no dia a dia, o foco da minha conduta era estar presente ao máximo em situações nas quais a tropa poderia correr risco de morte. Se eu queria que adotassem uma conduta corajosa frente ao perigo, teria de aproveitar as oportunidades para mostrar como isso deveria ser feito.

Correr risco junto aos subordinados une o comandante ao grupo. Cada organização possui os valores que lhe são mais sagrados; nas Forças Armadas, o exemplo frente ao perigo é um valor de extrema importância. Além disso, conforme os estudos apresentados na primeira lição, o estressor de maior influência na tropa envolvia a questão do risco de morte. Assim, eu me mantinha atento para explorar esse fato.

A seguir narrarei três dos diversos episódios nos quais aproveitei a oportunidade para, por meio do exemplo em situação de risco, influenciar os subordinados e conquistar a autoridade moral tão necessária à condução daquele grupo. Importante destacar que os frutos dessas ações, na consolidação da confiança do subordinado no comandante, foram incalculáveis.

O BATISMO DE FOGO

Ao assumirmos o comando da missão, em 3 de dezembro de 2015, nos encontrávamos em pleno período eleitoral haitiano, pois as eleições presidenciais estavam previstas para o dia 27 de dezembro, pleito que posteriormente foi postergado. No entanto, dentro de Cité Soleil havia um sub-bairro, ao norte da região, que se chamava Projeto Drouillard, dominado por uma gangue que se encontrava em confronto com a que controlava o sub-bairro vizinho, Boisneff. Cada uma dessas gangues apoiava um presidenciável diferente.

Todo dia, a gangue de Boisneff executava uma ação de combate dentro de Projeto Drouillard, com o objetivo de conquistar aquela área de votação, visto que ali existia um grande número de eleitores. Esses confrontos diários estavam causando a morte de alguns inocentes, inclusive já havíamos encontrado diversos cadáveres durante as patrulhas que realizávamos. Os confrontos ocorriam todos os dias, em qualquer horário, pela manhã, à tarde ou à noite.

Então, como éramos responsáveis por aquela área de atuação, resolvemos intervir, pois, como comandante, eu não podia admitir que os confrontos seguissem indefinidamente, com vários civis mortos, sem que o BRABAT atuasse. Dessa forma, minha diretriz era a de que deveríamos efetuar patrulhas diárias em Projeto Drouillard, particularmente à noite, e, de preferência, que fossem a pé, porque somente assim seria possível marcar presença no terreno e controlá-lo. Assim, entramos como um terceiro ator nesse conflito.

Em 10 de dezembro de 2015, sob a escuridão total de uma noite sem lua, um pelotão da companhia de Cité Soleil partiu para uma patrulha na região. Nessa noite, preocupado com o que poderia ocorrer, pois havíamos assumido o batalhão havia apenas uma semana, resolvi acompanhar esse pelotão no patrulhamento em Projeto Drouillard.

Durante o trajeto na região, o pelotão deparou com três becos escuros e resolveu se dividir em três grupos de combate, cada um com dez militares, para verificar os caminhos que se apresentavam à frente. Segui com o grupo que entrou no beco mais à direita. Atrás de nós vinha um carro de combate blindado Urutu[41], encarregado da proteção da tropa, caso houvesse confronto que incluísse disparos de arma de fogo.

Enquanto nos deslocávamos pelo beco, éramos acompanhados de um silêncio sepulcral, que nos permitia escutar todos os nossos movimentos, como o roçar da farda nos equipamentos e até nossa respiração, enquanto caminhávamos. Tive, então, a

---

[41] Urutu é um veículo militar brasileiro sobre rodas, produzido pela ENGESA na década de 1970. Ele possui duas camadas de blindagem e tem como principal finalidade o transporte de tropa.

percepção de que algo estava para acontecer, pois aquele silêncio absoluto soava artificial. Não havia qualquer ruído.

De repente, ao chegarmos a uma esquina, já no final do beco, ouvimos o som de um disparo de arma de fogo bastante próximo, parecia estar a cerca de 20 metros, e vimos, também, o clarão do tiro que vinha em nossa direção. Assim que ouviu o primeiro disparo, nossa tropa se abrigou e o comandante de pelotão agiu exatamente como havíamos treinado no Brasil: chamou o blindado para que passasse à frente da tropa, com o atirador em posição na torre, avançando na direção de quem estava atirando, e a tropa seguindo atrás do veículo.

Tudo aconteceu muito rápido e, antes que o blindado nos ultrapassasse, o atirador desferiu um segundo tiro, enquanto o sargento comandante do grupo de combate e o soldado esclarecedor[42] que estavam à frente preparavam-se para revidar o ataque, após se abrigarem e identificarem de onde vinha o tiro. Aquela área era bastante habitada e não poderiam apenas responder com fogo sem ter certeza da posição exata do adversário.

Além disso, muitas casas naquela região possuíam as paredes bem estreitas e de material pouco resistente, o que faria com que os disparos de fuzis as atravessassem. Era necessário, portanto, localizar o alvo e ser preciso para diminuir o risco de causar danos colaterais[43].

Em seguida, recebemos o terceiro disparo, mas, quando o sargento estava pronto para revidar o ataque, uma criança passou entre a tropa e o atirador. O sargento gritou lá da frente para que ninguém atirasse, avisando que havia uma criança no local. Provavelmente, a criança estava sendo usada como escudo para proteger o atirador, uma vez que era notório que a tropa brasileira deixava de atirar quando havia o risco de vítimas inocentes.

---

42 Soldado que vai à frente para informar à patrulha o que se passa.
43 Dano colateral é qualquer dano causado a pessoas ou a objetos que não sejam os alvos pretendidos.

Nesse momento, o Urutu passou na frente da tropa e avançamos todos, correndo, de fuzil em punho, na direção do atirador, conforme havíamos treinado durante a preparação. O atirador entrou em uma casa escura, próximo de onde estava a criança, e fugiu pelos fundos. Determinei, naquele momento, que o deixassem fugir para evitar qualquer possibilidade de ferirmos a criança naquela escuridão, pois atingi-la com um disparo de nossas armas seria um dano colateral inadmissível.

Depois do incidente, retornamos à companhia de Cité Soleil e fizemos uma revisão de tudo o que se sucedera. O encontro com o atirador fora muito rápido, mas a tropa agira de forma impecável. Fiquei bastante satisfeito em ver que todo o empenho durante o treinamento que havíamos realizado no Brasil surtira efeito.

Todos haviam agido de forma equilibrada no momento dos disparos e, na hora de avançar sobre o atirador, ninguém vacilou. O comandante do grupo de combate e, posteriormente, o comandante do pelotão haviam conduzido a situação com frieza e racionalidade. O comandante da companhia, que também acompanhara a ação, manteve a mesma calma e firmeza, assim, tudo ocorreu como se esperava de soldados profissionais e bem treinados.

Esse nosso batismo de fogo, uma semana após o início das operações do BRABAT 23, foi algo marcante para mim, pois tive a oportunidade, como comandante de batalhão, de estar presente e participar da ação naquele momento crítico. Considero ter sido uma grande sorte, porque a tropa pôde ver o comandante enfrentando a situação, avançando sobre o adversário, junto aos demais militares.

Um coronel, com quase 50 anos de idade, avançando junto ao grupo de combate em direção ao adversário hostil foi uma cena simbólica e uma oportunidade de dar o exemplo para a tropa daquilo que se esperava de um soldado e de como deveriam se portar frente ao perigo.

Esse episódio marcante teve boa repercussão perante o batalhão, que sentiu que o comandante buscava estar junto aos escalões menores nos momentos de risco de morte.

Aproveitar essa oportunidade ajudou-me a conquistar o respeito e a autoridade moral sobre a tropa. Eu realmente havia sido um comandante privilegiado por tudo o que vivenciara naquela noite.

A OPERAÇÃO BROOKLIN E BOSTON

No dia em que retornei da minha folga, em 14 de fevereiro, fui almoçar com a companhia de Cité Soleil, como normalmente fazia aos domingos, e, durante todo o almoço, ouvimos tiroteios entre gangues. Os disparos eram contínuos, e o confronto durou mais de uma hora. As balas passavam por cima de nossa base e, como consequência dos ruídos, era difícil manter qualquer conversação. O almoço foi tenso. Esses enfrentamentos costumavam acarretar a morte não apenas de membros dos bandos rivais, mas também de inocentes.

O período eleitoral terminara e, consequentemente, não havia mais a necessidade de utilizar toda a tropa em operações de segurança em apoio àquele processo. Assim, resolvi direcionar minha atenção para Cité Soleil e utilizar os meios do BRABAT para encerrar esses confrontos, que, naquele momento, ocorriam principalmente entre as gangues de dois sub-bairros – de Brooklin e de Boston –, as quais se enfrentavam diariamente pelo controle de área dentro de Cité Soleil.

A fim de fazer uma grande operação de presença e reprimir essas gangues, realizamos um trabalho de inteligência e levantamos dois possíveis locais de distribuição de drogas dentro dessas áreas. A operação que desencadeamos incluiu ações conjuntas com a Polícia das Nações Unidas, com a Polícia Nacional Haitiana e com um representante do poder judiciário haitiano, que nos autorizou a entrar nos locais levantados.

Do nosso lado, estiveram envolvidos 43 veículos, 9 deles blindados Urutu, e 279 militares do BRABAT. Durante o planejamento, emitimos todas as ordens de operações e chegamos a treinar as ações no pátio do batalhão, onde construímos, com fita zebrada, uma reprodução das regiões de Brooklin e de Boston e, na simulação, sincronizamos os procedimentos a serem adotados dentro de Cité Soleil. O treinamento foi cansativo, mas nos deixou muito bem preparados para responder a todas as possibilidades que levantamos de atuação das gangues sobre nós.

No início da tarde do dia 19, então, durante a formatura de aprestamento[44], quando a tropa estava prestes a iniciar a operação, o comandante da companhia de Cité Soleil me telefonou e informou que, naquele exato momento, ocorria um grande tiroteio entre as duas gangues da região. Achei o fato bom e oportuno, pois poderíamos, assim, reprimir diretamente esse confronto.

Antes de sairmos da base, expliquei a todo o batalhão o que estava ocorrendo em Cité Soleil naquele momento, mas a situação se agravou ainda mais quando chegamos ao local. Na entrada da comunidade, a população, apavorada com todos aqueles disparos, nos trouxe dois feridos: uma criança de cerca de sete anos, atingida por um tiro na perna direita; e um homem

Civil ferido por tiro no peito pela gangue de Brooklin

---

44 Aprestamento é o ato de se preparar para cumprir uma missão, particularmente de preparar o material e o equipamento que serão necessários ao seu cumprimento.

de aproximadamente 30 anos, ferido por um tiro que entrou no ombro esquerdo e saiu pelo tórax.

Ambos tinham sido feridos pelos disparos dos confrontos das duas gangues. Nós, então, conduzimos esses feridos para o Hospital Universitário, que ficava próximo ao local, e os deixamos para atendimento. Posteriormente, soubemos que a criança sobreviveu, mas o homem não resistiu e faleceu. Aquela situação deixou a tropa apreensiva.

Nós chegamos e imediatamente entramos nas comunidades, pois, nesses momentos, não se pode hesitar. Era hora de avançar e seguir o que havíamos planejado e ensaiado. Assim, nossos *drones* foram os primeiros a entrar na área, filmando-a por completo e nos atualizando com a visão aérea do que se passava no terreno a ser percorrido. Como tudo parecia estar bem, nossos Forças Especiais entraram na comunidade e ocuparam posições em locais altos, de onde poderiam disparar sobre qualquer um que realizasse um ato hostil contra a tropa.

Em seguida, determinei que as companhias que avançariam na frente do batalhão entrassem na comunidade. Uma das companhias da tropa do Exército Brasileiro entrou pelo lado leste, e, pelo oeste, entrou o Grupamento Operativo de Fuzileiros Navais. Assim, invadimos a comunidade em conflito e fomos avançando em direção aos objetivos que tínhamos definido: os dois pontos suspeitos de distribuição de drogas levantados por nossa Inteligência.

Como mencionei anteriormente, a tropa está sempre observando o comportamento de seu comandante, particularmente nos momentos críticos. Ciente disso, ao entrarmos na comunidade, segui com o primeiro grupo que adentrou a favela e progredimos em direção às gangues e ao local de distribuição de drogas.

Andei a metade do caminho com a companhia do Exército Brasileiro e, na metade final, juntei-me aos fuzileiros navais, a fim de passar à tropa a importante mensagem de que o comandante estava à frente todo o tempo, correndo risco de morrer como qualquer outro soldado atuando na operação.

O comandante do Batalhão, junto com os primeiros soldados, avançando numa coluna, penetrando na comunidade em confronto, era a imagem que o soldado podia ver. Essa era a mensagem que queria passar: a do exemplo, de como um soldado deve se comportar, de como deve avançar para cumprir a missão, em direção ao adversário, mesmo que este esteja com armamento letal.

À medida que progredíamos no terreno, as gangues fugiram e não nos enfrentaram. Assim, ao chegarmos aos locais suspeitos, conseguimos confirmar a existência de drogas em um deles. Nesse ponto, encontramos material para produção e comercialização de maconha, uma razoável quantidade de erva prensada e uma balança. O material apreendido foi entregue às forças policiais haitianas que participaram da operação, para os procedimentos legais previstos.

Essa operação, a primeira desencadeada após o período eleitoral, quando havíamos diminuído nossa presença em Cité Soleil, teve como uma de suas finalidades mostrar às gangues que estávamos presentes e não iríamos admitir que atuassem livremente, ainda mais causando danos à população. Mostramos também que cumpriríamos nossa missão de proteger a população que ali vivia e não admitiríamos mais ações como as que vinham ocorrendo.

Operação Brooklin e Boston

Essa foi a primeira, de uma série de operações que realizamos, que viriam, mais adiante, a encerrar os confrontos em Cité Soleil, praticamente até nosso retorno ao Brasil.

A CAPTURA E O CASO DA AÇÃO SOCIAL

Como os tiroteios em Cité Soleil continuavam ocorrendo, embora com menor intensidade, resolvi realizar uma sequência de ações para que as gangues realmente cessassem seus confrontos. E foi a operação de captura, ocorrida em 1º de abril de 2016, seguida do episódio da ação social, que narrarei a seguir, que fez com que os líderes de gangue sentissem que teriam muito a perder se continuassem os confrontos, resolvendo, então, seguir nossas determinações e cessar os disparos no interior da comunidade.

Inicialmente, determinei que os líderes comunitários fossem avisados de que, caso os confrontos continuassem, o

BRABAT tomaria uma série de medidas contra as gangues. Nossa intenção era que essas lideranças repassassem a mensagem àqueles fora da lei.

Eu sabia que as gangues não nos obedeceriam, mas isso não importava, pois minha intenção era apenas que ficassem cientes de que nossas ações realizadas em um futuro imediato eram consequência do fato de não nos obedecerem e continuarem os confrontos.

Com isso, ao se sentirem ameaçados, acabariam cessando os tiroteios para que diminuíssemos a pressão das ações realizadas, de modo que conseguíssemos a mudança de comportamento tão desejada e, consequentemente, o fim da morte de inocentes. Essa foi nossa concepção sobre o que deveríamos fazer.

Nossos *drones* com visão noturna, associados ao excelente trabalho de nossa equipe de inteligência, haviam identificado os locais onde algumas das principais lideranças de gangues provavelmente dormiam. Com essas informações, planejamos que, ao raiar de 1º de abril, realizaríamos três ações simultâneas na intenção de capturar, ao menos, uma grande liderança. E, quem sabe, se déssemos sorte, capturaríamos até três delas.

Nesse dia, juntamos à nossa tropa componentes da Polícia das Nações Unidas, da Polícia Nacional Haitiana e um representante do poder judiciário haitiano. A reunião de todo o efetivo envolvido se deu na base de Cité Soleil e de lá partimos, ao nascer do sol, em colunas, que fariam dois tipos de cerco: as equipes de nossas Forças Especiais realizariam o cerco aproximado das três casas; a tropa faria um segundo cerco, já mais afastado, para impedir a fuga dos bandidos no caso de algum deles escapar ao primeiro cerco; e a polícia haitiana, junto com a polícia da ONU, entraria nas casas para realizar as capturas. Essa atribuição à Polícia Haitiana de participar da ação fazia parte do treinamento que realizávamos com eles, preparando a futura retirada de nossas tropas daquele país.

Nas ações nas casas ocorreram três situações diferentes. Na primeira delas, o líder de gangue não se encontrava. Na segunda, não obtivemos êxito, pois, quando estávamos montando o cerco, o sujeito que buscávamos conseguiu sair pela janela de trás e fugir por dentro de algumas casas. Naquele momento, uma ambulância passava no local e foi parada por ele, que entrou no veículo e conseguiu sair antes que terminássemos de cercar toda a área. O homem, provavelmente, deve ter sido avisado de nossa aproximação.

Na terceira casa, no entanto, o bandido não teve a mesma sorte e, ao tentar fugir da captura, rompeu o primeiro cerco, mas nossa equipe de Forças Especiais o perseguiu por dentro da favela e, quando ele caiu no segundo cerco, o da tropa, foi imobilizado e capturado, junto com um parceiro que também empreendia fuga. O líder que capturamos era um famoso "matador de policiais", procurado havia bastante tempo.

Essa captura causou uma repercussão bastante positiva, inclusive na imprensa haitiana. No mesmo dia, mais tarde, quando eu já estava de volta à Base General Bacellar, o Comandante da Polícia Nacional Haitiana, da Capital, fez-me uma visita, abraçou-me e agradeceu o sucesso na captura efetuada. Disse ainda estar muito grato por havermos capturado o "matador de policiais". Foi por meio desse chefe de polícia que soube como ocorrera a fuga de um de nossos alvos na ambulância, pois um de seus informantes lhe contara todos os detalhes.

A AÇÃO SOCIAL

Essa história, porém, não termina aqui. Embora eu tenha participado efetivamente desde o planejamento, na progressão ao raiar do dia, junto à tropa, no cerco das casas, enfim, em todos os momentos, minha ação como comandante não poderia se dar por encerrada, porque havíamos planejado, para o dia seguinte, a realização de uma ação social em uma quadra de esportes comunitária localizada nas proximidades de onde ocorrera a operação.

O objetivo dessa atividade era revitalizar o local para usufruto da comunidade, a fim de nos aproximarmos da população e captarmos sua percepção sobre as tensas atividades do dia anterior. Nosso planejamento para esse evento era simples.

Enquanto uma equipe do BRABAT reformava a quadra esportiva, com trabalho de alvenaria e pintura, a Companhia de Engenharia de Paz do Brasil (BRAENGCOY) ajudaria com a remoção do entulho e do lixo em volta, que não era pouco. Ao BRABAT caberia ainda a segurança da atividade e a doação de quatro bolas de futebol para a comunidade.

No entanto, a situação ficou tensa na noite anterior. Recebi um aviso, por meio dos líderes comunitários, de que o principal líder das gangues de Cité Soleil havia determinado que seu pessoal atirasse em qualquer pessoa que participasse das atividades desenvolvidas pelo BRABAT. Era um revide à nossa ação ocorrida no dia anterior. Com isso, ele pretendia nos intimidar depois das capturas realizadas, além de tentar demonstrar poder à população.

Depois de avaliar a situação, considerei que aquele momento era uma oportunidade para transmitirmos uma mensagem de força e de poder para várias pessoas presentes naquele cenário de Cité Soleil. Por exemplo, se realizássemos a ação, mesmo diante dessa ameaça recebida, transmitiríamos às gangues a mensagem de que nós detínhamos o poder, e eles, para nós, nada representavam, não eram ninguém. Essa era uma mensagem de poder muito importante – a mensagem da indiferença, pois, por meio dela, mostraríamos aos membros da gangue que eles não exercem poder de influência algum sobre nós.

Ao mesmo tempo, eu tinha consciência de que a população esperava ansiosa para saber qual seria a postura do BRABAT perante a ameaça recebida. Então, era a oportunidade de transmitir à população a mensagem de que nós não nos intimidaríamos com aquela atitude de criminosos. Iríamos fazer o que havia sido planejado, daríamos o apoio à população, independentemente de qualquer ameaça.

Por fim, no tocante à liderança, havia uma importante mensagem para ser transmitida à tropa: a de que seu comandante era firme e determinado e não se intimidaria com ameaças de bandidos. Por esse motivo, determinei que mantivéssemos o planejamento e, em 2 de abril de 2016, executamos a atividade.

Embora eu não tivesse dúvida sobre o que deveria fazer, senti o peso da responsabilidade da decisão que tomara, principalmente ao analisar a situação e verificar que a maior parte do meu estado-maior sugeriu que cancelássemos o evento – e eu não costumava tomar decisões contrariando os meus principais assessores. Nesse caso específico, porém, se me curvasse à ameaça daquele líder de gangue, todos os efeitos da ação realizada no dia anterior seriam perdidos.

Pretendíamos mostrar aos bandidos que eles eram frágeis e que podíamos capturá-los a qualquer momento. Portanto, deveriam seguir nossas determinações de cessar os confrontos, porque éramos os mais fortes e lhes impúnhamos isso. Essa era a linguagem do poder, e eles a entendiam muito bem. No entanto, se mostrássemos nossa fraqueza, submetendo-nos à sua ameaça, eles se sentiriam poderosos e continuariam com os confrontos e, consequentemente, com a morte de inocentes.

Além disso, se por um lado muito me preocupava a possibilidade de algum subordinado ou civil inocente ser alvejado por um tiro, por outro, eu não poderia admitir que a tropa brasileira, tão rica em tradições de bravura ao longo de mais de uma década de operações naquele país, fosse desmoralizada por um líder de gangue haitiano.

A decisão de manter o planejamento e desencadear a ação social, mesmo sob ameaça, e contrariando a maior parte de meus assessores, era um risco calculado que eu, como comandante, senti a obrigação de correr. Era um fardo inerente ao comando.

Preocupado com a integridade da tropa, determinei que estabelecêssemos um forte dispositivo de segurança. Atiradores de elite de nossas equipes de Forças Especiais estariam posicionados em pontos estratégicos, como em locais altos e ao redor da quadra esportiva.

Fiz questão de conversar pessoalmente com esses atiradores antes da atividade e destaquei que, caso houvesse uma clara ameaça à tropa, eles não precisariam me pedir permissão para disparar. Essa foi a ordem que fiz questão de dar frente a todo o destacamento de Forças Especiais, afinal, eles eram o meu seguro de que, caso alguém tentasse algo, teríamos uma resposta imediata, precisa e eficaz.

No dia programado, tive de ir logo cedo para uma reunião com o Comandante do Componente Militar. Assim que cheguei ao local da reunião, contei-lhe o ocorrido e pedi permissão para me juntar à minha tropa que já se deslocava para local da ação social. Assim que cheguei à quadra esportiva, alguns oficiais do estado-maior já estavam lá e a tropa acabara de iniciar a limpeza e a revitalização, conforme planejado. Nesse momento, posicionei-me diante da quadra, do lado de fora, perante a população, para mostrar que o comandante do BRABAT não se intimidava com ameaças.

Para minha satisfação, quando cheguei à parte da frente, percebi que alguns membros do meu estado-maior já ocupavam a mesma posição, dando o exemplo à tropa. Fiquei orgulhoso com a atitude, com essa postura exemplar de se colocar à dianteira em casos de risco, e me juntei a eles.

Um fato curioso decorrente dessa situação ocorreu ao término de nossa missão no Haiti, no momento da entrevista final por parte das psicólogas do Centro de Psicologia Aplicada do Exército, quando fui informado de que havia aparecido, nas pesquisas realizada com soldados, que nossa postura, naquele episódio, frente à tropa, havia os impressionado. Foi realmente uma grande oportunidade de dar um bom exemplo de liderança, não apenas da minha parte, mas também por parte dos comandantes intermediários e do estado-maior.

Nesse dia, não ocorreu disparo algum, de nenhum dos lados. A ação social obteve sucesso total, e a população ficou satisfeita com a nova quadra esportiva que iria beneficiá-la. Além disso, todas as mensagens que eu desejava transmitir chegaram aos destinatários com êxito, o que ocasionou um cessar-fogo em Cité Soleil por 68 dias consecutivos.

Nós, porém, não pararíamos por aí. O BRABAT 23 seguiu no desencadeamento de uma série de operações até nossa última semana, quando chegamos a capturar, em uma casa usada por uma das gangues, um livro com todos os nomes dos integrantes, as funções e quanto recebiam de salário. Esse foi um documento precioso que deixamos aos que nos sucederam.

Um ponto que considero importante foi que, ao final do episódio, alguns dos assessores que haviam proposto cancelar o evento vieram me parabenizar pela firmeza e por minha convicção. Por sua vez, eu lhes agradeci o fato de, mesmo discordando de minha decisão, apoiarem a implementação, pois essa era a postura que esperava dos meus assessores. Deveriam manifestar sua opinião ainda que fosse contrária à minha e, uma vez a decisão tomada, trabalhar para que ela desse certo, como se fosse deles.

Ao mencionar esses três episódios, nos quais a coragem e o profissionalismo da tropa foram testados, cabe um destaque especial ao nosso Destacamento de Forças Especiais, tropa que usei sempre nos momentos mais difíceis, quando o risco era mais alto.

Nessa lição, por exemplo, tive a oportunidade de narrar que, na Operação Brooklin e Boston, eles foram os primeiros militares a entrar na comunidade em confronto. Já no caso da captura, eles que realizavam o cerco aproximado, local de maior risco da operação, além de orientarem a polícia haitiana em como proceder na entrada nas casas. No caso da ação social, lá estavam eles posicionados em locais elevados protegendo a tropa.

Esses são apenas alguns dos diversos exemplos que eu poderia dar sobre o profissionalismo dessa tropa de elite do Exército Brasileiro. Sem eles, o BRABAT 23 não teria cumprido a missão com o mesmo desempenho. Como comandante do BRABAT, considero que nossas Forças Especiais foram a tropa mais exigida do batalhão e que muito bem respondeu aos desafios da missão.

EM SÍNTESE

Ao finalizar esta sexta lição, cabe reafirmar que o bom exemplo não constitui apenas um fundamental elemento de comunicação, mas também a principal ferramenta de persuasão do comandante.

Os três episódios narrados relativos ao exemplo, entre tantos outros ocorridos ao longo da missão, mostraram que, para conquistar a autoridade moral para liderar a tropa, seja na rotina diária ou nos momentos de crise, é necessário que se deem bons exemplos.

Com essa percepção, busquei aproveitar cada oportunidade, ciente de que era fundamental utilizar-me dessa ferramenta para estabelecer uma sólida relação de confiança com os subordinados, a fim de que cumpríssemos da melhor maneira possível a nossa difícil missão.

Quadra comunitária antes da reforma

○ Quadra comunitária depois da reforma

o O Adjunto de Comando e o Capelão acompanham patrulha

A sétima lição

UTILIZE OS INSTRUMENTOS INSTITUCIONAIS

Há tanta sabedoria em escutar quanto em falar – e isso vale para todos os relacionamentos.
(Daniel Dae Kim)

Psicóloga realiza dinâmica de grupo

No BRABAT 23, vários foram os instrumentos utilizados para o exercício da liderança, dentre os quais três se destacaram, pela eficiência e pelo alinhamento que tiveram às diretrizes do comandante: a psicóloga, o adjunto de comando e o capelão. Cada uma dessas figuras, utilizando-se de meios específicos, e seguindo procedimentos éticos adequados, estabeleceu canais de comunicação entre o comando e os comandados.

Desse modo, permitiram ao comandante ter uma leitura o mais próxima possível da realidade, da percepção de seus subordinados sobre temas diversos. Com isso, foi possível ajustar as condutas do comando às necessidades dos subordinados, ao longo de toda a missão, sempre quando essas necessidades foram consideradas razoáveis.

Além disso, esses militares serviram como importantes interlocutores entre o comando e a tropa quando, utilizando uma linguagem adequada, reforçaram as mensagens do comando de provocar as necessárias mudanças de comportamento.

Também o assessoramento crítico ao comandante tornou esses militares preciosas armas que, em última instância, contribuíram para alcançarmos os objetivos estabelecidos, em um ambiente de relacionamento saudável.

Portanto, compartilho a sétima lição sobre liderança: o chefe deve realizar o adequado uso dos instrumentos institucionais.

Como eles me ajudaram a conduzir o batalhão? Como trabalharam? Vejamos a seguir.

A PSICÓLOGA

A palestra ministrada pela psicóloga do CPAEx, ainda em nossa preparação, na qual nos foi apresentada a avaliação psicológica dos diversos contingentes que estiveram no Haiti antes de nós, provocou várias reflexões. Ver todo aquele quadro complexo das relações humanas, agravado pelos estresses da missão, me fez pensar em como poderia interagir com a tropa de modo a buscar atender a suas demandas.

Durante essas reflexões, concebi a melhor forma de empregar a psicóloga. Ela teria como principal missão assessorar o comando do batalhão quanto às percepções dos subordinados sobre tudo o que ocorria, permitindo-me realizar ajustes em minha estratégia de liderança quando necessário.

Além disso, a psicóloga também seria responsável pelo atendimento individual dos militares que apresentassem problemas pessoais durante o período em que estivéssemos atuando no Haiti, como estresse ocupacional, dificuldade de relacionamento com os companheiros nos alojamentos ou no local de trabalho, casos de ansiedade, variação de humor e outras questões de natureza psicológica.

Houve também casos de mortes e acidentes de familiares dos militares da tropa – o que estatisticamente é provável acontecer, dado ao grande efetivo de nosso contingente. Ou seja, em missões desse porte, é quase certo que o comandante terá de lidar com impactos que perdas graves causam a elementos da tropa. E, nesses casos, o apoio psicológico foi muito importante.

Com o assessoramento da psicóloga, iniciamos, no final do período de preparação, as primeiras medições de percepção. As pesquisas organizacionais que ela realizou ocorreram por meio de questionários, em sua maioria por meio da página *web* do batalhão, nos quais os militares, de forma anônima, respondiam às questões.

Outra técnica bastante utilizada foi a dinâmica de grupo, que contou com importante apoio dos comandantes intermediários, que disponibilizavam o pessoal que estava de folga e os espaços físicos para que ela pudesse interagir com a tropa, entrevistar a todos e levantar dados e informações que, depois de processados, chegariam às minhas mãos para serem utilizados como elemento de decisão.

Cabe destacar que essas dinâmicas, no início, não foram bem recebidas pela tropa, pois eram feitas nos momentos de "descanso". No entanto, quando o pessoal começou a perceber que o resultado das pesquisas anônimas e das dinâmicas de grupo chegava ao comandante, passou a acreditar nesse canal de comunicação e, por conseguinte, a valorizar cada vez mais aquelas atividades.

No seu trabalho diário, a psicóloga atuava como observadora do clima organizacional e dos ânimos de uma maneira geral. Para mim, o primordial era a avaliação das questões globais. Quando houvesse um caso individual que ela julgasse ser necessária uma intervenção do comando, o problema deveria ser levado ao comandante de companhia, que tinha capacidade de administrar o problema.

O assunto só deveria ser trazido a mim em último caso, quando o comandante de companhia julgasse necessário ou quando, na avaliação da psicóloga, a situação do indivíduo estivesse a ponto de prejudicar o bom andamento de suas atividades e as dos companheiros. Isso ocorreu, excepcionalmente, no episódio descrito na segunda lição, em que precisei repatriar o militar que sofreu um estresse agudo. Ao longo da missão houve poucos casos individuais que necessitaram ser trazidos diretamente a meu conhecimento pela profissional, mas, de modo geral, a avaliação dela recaía sobre a percepção da coletividade.

Para melhorar a percepção da psicóloga, determinei que ela participasse das atividades militares, acompanhando patrulhas e operações, por exemplo, vivenciando as atividades da tropa, para ter melhores condições de avaliação do comportamento dos integrantes do batalhão.

Alguns cuidados foram muito importantes quanto ao trabalho dessa profissional. Se, por um lado, a tropa percebeu que as informações chegavam ao comandante, que tomava uma atitude, e isso trazia um resultado positivo, por outro, ocasionou uma tentativa de manipulação da psicóloga, pois alguns militares se aproximavam dela com pleitos inadequados, de interesse particular, na intenção de que eu os atendesse.

No início da missão, ela chegou a me trazer algumas solicitações que julguei não serem convenientes. Orientei, então, que as demandas passassem por um filtro antes de chegarem a mim e que ela ficasse atenta às tentativas de manipulação. Salientei a importância de observar o real interesse coletivo, com base em pesquisas que apontassem para as verdadeiras necessidades da tropa.

Um aspecto que também considero bastante importante foi a questão ética. A psicóloga necessitava de meu apoio para fazer respeitar a garantia da privacidade da informação e o anonimato das diversas manifestações. Assim, sempre me trazia as demandas em nome da coletividade, sem citar nomes ou indivíduos específicos, particularmente quanto às pesquisas organizacionais, que poderiam conter críticas e/ou reclamações. Esse quesito incentivava a liberdade para que todos se manifestassem, sem medo de represálias.

Um aspecto a ser ressaltado envolve a limitação da psicóloga na resolução de problemas interpessoais. Acredito até que, no início, houvesse uma expectativa de que ela pudesse resolver problemas de relacionamento. No entanto, esse tipo de profissional até pode atuar como mediador de conflitos, mas o que ocorria muitas vezes é que os problemas interpessoais demandavam respostas com alto grau de complexidade.

Além disso, havia questões pessoais que já existiam antes da chegada ao Haiti, conflitos iniciados no quartel de origem dos militares, e também problemas de pessoas com comportamentos compulsivos, culturais ou de educação. Ela de fato não possuía tempo nem suporte profissional para se dedicar a todas essas questões com a profundidade necessária.

Importante ressaltar que, na fase de seleção do pessoal, o CPAEx havia feito a avaliação psicológica do nosso efetivo, e os 24 militares contraindicados foram excluídos do processo seletivo. Muito provavelmente, esse procedimento contribuiu para reduzir o número de problemas a serem enfrentados.

Durante o período de preparação no Brasil, ainda em Pelotas, no Rio Grande do Sul, a psicóloga fez um trabalho relevante, quando mediu o grau de ansiedade da tropa, que estava bastante elevado, e o grau de confiança que depositavam nos comandantes intermediários e no comandante máximo. Foi possível perceber que o grau de confiança e de otimismo se encontrava em patamar bem elevado, vindo a confirmar que nossas atitudes, durante a fase do preparo, davam resultados.

No terceiro mês de missão no Haiti, a psicóloga realizou uma pesquisa na qual trabalhou com o intuito de que os militares manifestassem seu grau de satisfação quanto a uma série de elementos relacionados à vida dentro da base. Depois de processar os dados, o resultado obtido demonstrou cerca de 30 elementos de insatisfação da tropa, dentre os quais escolhi 27 que deveriam ser atendidos, descartando os demais, uma vez que poderiam afetar, de alguma forma, o cumprimento de nossa missão ou a disciplina.

Para os casos que seriam solucionados, mandei elaborar um plano de bem-estar da tropa, com militares responsáveis por cada tarefa, para que fosse possível neutralizar cada uma das 27 demandas. Foram estipulados prazos e metas e, em alguns casos, houve necessidade de disponibilizar recursos para que se resolvessem os problemas levantados.

Por exemplo, constatou-se que em alguns alojamentos coletivos, dos mais de uma centena que possuíamos, 18 chuveiros elétricos estavam sem funcionar, o que obrigava os usuários a tomar banho frio. Essa era uma informação da qual só tomei conhecimento por meio dessa pesquisa.

Então, mandei imediatamente trazer do Brasil os 18 chuveiros para esses alojamentos, uma vez que no Haiti cada aparelho desses custava uma fortuna. Com essa pesquisa, curiosamente, descobri que havia uma série de pontos simples, e até banais, que incomodavam a tropa, e dos quais eu não tinha nem ideia da existência.

Interessante foi perceber que a tropa não parecia fazer ideia de que eu desconhecia tais problemas, o que para alguns era interpretado como uma falta de interesse por parte do comandante com o bem-estar deles, principalmente o das praças.

Outro exemplo envolveu a queixa de que, quando os militares chegavam de madrugada das patrulhas, muitas vezes a ceia, isto é, o lanche servido depois do jantar, antes do horário de dormir, estava fria. Esse foi um ponto igualmente importante a ser resolvido, pois afetava praticamente todos os militares que realizavam patrulhas. A solução para esse caso foi simples, bastando uma conversa com o pessoal do rancho que resolveu o problema de imediato.

Um terceiro exemplo se relacionava ao sistema de descontaminação que havíamos criado. A tropa chegava suja das patrulhas e, entre uma série de procedimentos que tinha de executar antes de ir para o alojamento, estava o de retirar o equipamento, o uniforme e o coturno e limpá-los, com o objetivo de não levar sujeira da rua para dentro dos dormitórios. No entanto, esse procedimento tomava cerca de duas horas dos integrantes de uma das companhias cujo alojamento se localizava relativamente longe das barracas de descontaminação.

Essa situação, portanto, gerava insatisfação na tropa, e isso se tornou evidente na pesquisa. Então, avaliei o caso, solicitei ao comandante da companhia que apresentasse uma proposta que simplificasse o procedimento necessário, sem, no entanto, deixar de fazer a higiene antes de entrar no alojamento.

Recebi uma proposta, que julguei boa, e substituímos o procedimento em prol do bem-estar da tropa. No dia em que fui à companhia dizer que aceitava a nova proposta, sua demonstração de alegria foi bem efusiva. Chegaram a comemorar com gritos e aplausos, como se tivessem realizado uma grande conquista. Naquele momento, enxerguei o quanto fora eficaz aquela forma de comunicação.

Esses são apenas três exemplos, entre os 27 considerados após a análise dos resultados da pesquisa. Ao término de 30 dias, havíamos neutralizado todas as questões levantadas, o que foi bastante positivo, pois, além do bem-estar gerado na tropa, enfatizou a importância do trabalho da psicóloga como elemento de captação das percepções da tropa, assim como mostrou a preocupação do comando com o bem-estar dos subordinados.

As pesquisas, porém, não levantavam apenas insatisfações. Muitas vezes identificamos os pontos de satisfação da tropa, que não eram poucos, e tomamos atitudes para os valorizarmos ainda mais. Na verdade, salvo em momentos pontuais, verificamos ao longo da missão que as satisfações superavam muito as insatisfações.

Outros exemplos interessantes, além dessa pesquisa que ocasionou um plano de bem-estar, podem ser observados nos diversos trabalhos em que a psicóloga atuou, como o da elaboração de uma carta endereçada às famílias dos militares, que teve, ainda, a atuação de minha equipe de comunicação social, conforme mencionado na quinta lição.

Além de tudo isso, cabe ressaltar o importante papel da psicóloga como interlocutora dos assuntos relacionados ao segmento feminino, tema já abordado na quarta lição, mas que vale reforço aqui, pois ela atuou como elemento de ligação importante entre esse grupo específico e o comando do batalhão.

Por tudo isso, considero que o trabalho da psicóloga do BRABAT 23 foi extremamente útil ao exercício da liderança do comandante do batalhão, pois me permitiu acesso a importantes percepções dos meus subordinados e, assim, pude reajustar decisões e condutas, como também mudar comportamentos e atitudes para gerar maior satisfação à tropa.

O ADJUNTO DE COMANDO

O adjunto de comando foi o principal responsável pelo assessoramento ao comando do batalhão sobre os assuntos relativos às praças[45]. Era uma função que havia sido criada recentemente pelo comando do Exército e, no BRABAT 23, funcionou como um projeto piloto.

No nosso caso, o trabalho do adjunto de comando foi realizado por um subtenente experiente, que, antes de ingressar no Exército como sargento de carreira, havia prestado o serviço militar como soldado. Sua sensibilidade aos diversos temas de relacionamento e de bem-estar das praças, aliada à sua experiência e boa vontade em acertar, fez dele um excelente colaborador para o exercício da liderança por parte do comandante. Na verdade, à medida que ele ampliava a influência sobre as praças do batalhão, passava a contribuir para a liderança em todos os níveis hierárquicos.

---

45 Conforme já abordado na quarta lição, "praça" é o círculo hierárquico que inclui os cabos, os soldados, os sargentos e os subtenentes.

Confesso que, no início da missão, semelhante ao que ocorreu com a psicóloga, tive de orientá-lo especificamente, pois me levou uma série de pedidos que não considerei razoáveis. Expliquei-lhe que as medidas de bem-estar e de conforto não podiam vir a comprometer a disciplina da tropa nem o cumprimento da missão. Disse-lhe que ele próprio deveria filtrar o que me traria como demanda dos subordinados. Sobre esse ponto, foi necessária apenas uma orientação. A partir dela, o adjunto de comando entrou em sintonia com minhas intenções e passou a ser um valioso elo entre o comando e a tropa.

Na fase de preparação, ele não pôde atuar muito, pois foi nesse período que fiz o processo seletivo para sua função, o qual se iniciou com uma triagem feita pelo Gabinete do Comandante do Exército, entre os 24 subtenentes que tínhamos no batalhão. Finalizamos a seleção apenas na fase de concentração do batalhão, quando comunicamos a todos sobre quem ocuparia esse importante cargo.

Inicialmente, emiti as diretrizes sobre sua forma de trabalho. Estabeleci que ele teria acesso livre a mim e ao estado-maior para que acompanhasse todas as atividades, desde a concepção inicial de cada uma delas até a execução. Para facilitar o acesso ao comando, sua sala ficava ao lado da minha e da do subcomandante. Determinei também que ele deveria participar de todas as cerimônias com um papel de destaque, como o representante das praças.

Acertei com os comandantes de companhia que o adjunto de comando deveria ter acesso a toda a tropa, sem qualquer restrição, ponto que, inicialmente, gerou alguma desconfiança por parte daqueles comandantes intermediários, a qual era justificável uma vez que, segundo a cultura organizacional do Exército, o comandante de companhia é o responsável por tudo relativo aos seus subordinados, incluindo, nesse caso, as praças. Aqueles comandantes intermediários se preocupavam com uma possível quebra da cadeia hierárquica, caso o comando começasse a interferir, por meio do adjunto de comando, sobre sua tropa.

Para evitar que ocorresse o que temiam, estabeleci os limites éticos da atuação desse militar. Determinei-lhe que deveria me trazer apenas questões referentes à coletividade das praças como um todo. Toda vez que houvesse questões pontuais, envolvendo militares específicos, a questão deveria ser resolvida pelo comandante da companhia. Somente em algum caso extremo, quando um fato muito grave pudesse ocorrer, ele deveria me trazer o problema.

Entretanto, algo muito curioso ocorreu com o passar do tempo. A conduta do adjunto de comando foi tão impecável que, gradativamente, ele passou a ser um assessor de todos os níveis de comando de nossa estrutura hierárquica. Sua habilidade para estimular a disciplina, resolver questões pessoais, conflitos, condutas impróprias e outras tantas questões foi tão eficiente que ele conquistou o respeito de todos.

Os próprios comandantes de companhia, cada vez mais, ao longo da missão, solicitaram o seu apoio. Com o tempo, ele se tornou uma das mais importantes lideranças intermediárias do batalhão. Seu trabalho se caracterizou como uma ação complementar à cadeia de comando já existente no batalhão, vindo a reforçar valores, a comunicação com a tropa e aspectos de liderança.

Como rotina, percorríamos juntos os alojamentos da tropa à noite. Muitas vezes, quando eu estava exausto, ele aparecia em meu alojamento para me motivar a fazer a minha ronda diária e conversar com a tropa. E lá saíamos nós, conversando com cada militar que encontrávamos pelo caminho.

Era sempre uma oportunidade de dar um aperto de mão ou mesmo transmitir um sorriso àqueles valorosos guerreiros. Ouvíamos as alegrias e as preocupações deles e nos solidarizávamos com suas vitórias e com seus problemas. Eram momentos de conexão entre o comandante e a tropa, que ele me ajudava a vivenciar.

Nos momentos em que circulava sozinho pelo batalhão, ele transmitia as minhas ideias e explicava o porquê das decisões do comandante, particularmente as mais impopulares. Com esse trabalho de "formiguinha", realizado todos os dias, o adjunto de comando conseguia sensibilizar a tropa sobre as questões do comando. Na medida em que as praças compreendiam as justas razões do comando em tomar certas atitudes, a sintonia do comandante com os subordinados se fortalecia.

Outro ponto muito importante envolveu a criação do grêmio dos subtenentes e sargentos, do qual o adjunto de comando foi o presidente de honra, tema já abordado na quarta lição. Nesse ambiente, ele pôde exercer sua liderança diretamente sobre os níveis intermediários de nossa hierarquia.

Como o adjunto de comando convivia comigo diariamente, ele tinha conhecimento de minhas diretrizes e preocupações. Discutíamos os efeitos das decisões do comando sobre a tropa, o que permitia avaliar as diversas questões sob a ótica dos níveis hierárquicos mais baixos. Suas posições sensatas me fizeram, algumas vezes, rever posições tomadas.

Durante todo esse processo, busquei valorizá-lo ao máximo. Fiz questão de que ele estivesse sempre ao meu lado nos momentos em que estava perante a coletividade. Seja durante minhas falas à tropa, seja no desenrolar das patrulhas ou nas operações, a figura do adjunto de comando lá estava, ao lado do comandante do batalhão. No dia em que dispararam contra nós pela primeira vez, em Cité Soleil, lá estava ele ao meu lado, atuando como um verdadeiro guerreiro.

Junto com os dois militares que se revezavam na minha segurança, quando eu participava das atividades operacionais, com os motoristas que me acompanhavam e com os militares do meu estado-maior pessoal, o adjunto de comando foi o militar com quem mais convivi ao longo da missão.

Em diversas situações, eu o vi inserido em uma patrulha ou em uma operação, mesmo sem a minha presença, estreitando assim a distância com seus pares e subordinados. No Natal, ele estava comigo distribuindo presentes a todos. Era a sombra do comandante.

Nas atividades relacionadas às praças, sempre participava junto aos comandantes de companhia. Como exemplo, esteve presente nas entregas de divisas aos promovidos durante a missão, nas cerimônias na qual entregamos certificados aos militares que se destacaram no âmbito das companhias, entre outras atividades. Junto a mim, além das diversas atividades já mencionadas, a visitação diária aos doentes internados foi algo muito valorizado pelos subordinados.

Para transferir-lhe um significativo grau de autoridade, busquei associar sua figura à minha. Essa foi uma feliz decisão, uma vez que eu sabia que a referida autoridade seria utilizada para a transmissão de valores e para fortalecer a cadeia de liderança no batalhão.

Fiz também questão de prestigiá-lo perante os níveis hierárquicos mais altos. Assim, determinei que ele participasse de todas as reuniões do estado-maior, desde as de rotina até as de planejamento de operações. Seu papel era o de emitir sua percepção sobre como cada decisão ou atividade planejada seria recebida pela tropa. Como sua sensibilidade era muito aguçada, várias foram as suas contribuições.

Quando um evento terminava, ele conversava informalmente com a tropa, em geral tomando um chimarrão, e avaliava como haviam percebido o desenrolar das atividades. Tais observações, quase sempre, eram passadas diretamente a mim. Não foram poucas as vezes em que pedi a ele que as expusesse ao estado-maior, com o intuito de que fizéssemos uma autocrítica e melhorássemos procedimentos.

Em uma pesquisa anônima sobre a atuação do adjunto de comando realizada por nossa psicóloga, a esmagadora maioria dos militares fez uma série extensa de elogios a essa figura. Desde os oficiais do estado-maior, passando pelos comandantes intermediários e, por fim, pelos cabos e soldados, sua aprovação foi impressionante.

Destaco aqui uma das conclusões da pesquisa, a qual só veio a confirmar minhas percepções: "ele contribuiu para que os anseios da tropa chegassem, com clareza, a todos os elementos da cadeia de comando do BRABAT 23, pois a ele coube filtrar e interpretar os dados relevantes e merecedores da apreciação do comando. Essa postura foi fundamental para elevar o nível de satisfação das praças e contribuiu para que a missão do batalhão fosse cumprida com o máximo de aproveitamento".

Muitos foram os assessoramentos do adjunto de comando que geraram ações minhas voltadas para o bem-estar da tropa. Suas atitudes, ainda que muitas vezes não aparecessem em um primeiro momento, foram se somando ao longo do tempo e, ao final da missão, sua obra ficou clara a todos.

Apenas como exemplo, destaco um procedimento que pode parecer simples à primeira vista, mas que muito contribuiu para o bom ambiente entre os integrantes do batalhão. Ao pesquisar sobre os contingentes anteriores, o adjunto de comando identificou que muitos problemas de convivência durante a missão ocorriam por causa de mau relacionamento no próprio alojamento.

Ciente disso, ele me sugeriu que a escolha de quem dividiria os alojamentos fosse feita pelos próprios militares, utilizando-se o critério de afinidade, no caso do estado-maior, e, no caso da tropa, também se utilizasse esse critério dentro das frações. Aceitei sua proposta e praticamente não tivemos problemas de relacionamentos entre os companheiros que dividiam alojamentos. Foi uma solução simples para um problema que, inicialmente, parecia complexo.

Outro exemplo de ação do adjunto de comando que contribuiu para o bem-estar da tropa ocorreu no caso da revitalização da quadra de futebol. Devido ao confinamento em que vivíamos, percebemos que precisaríamos criar mecanismos que ocupassem o tempo ocioso dos militares quando estes não estivessem em atividades militar. Com esse objetivo, o adjunto de comando me trouxe a proposta de revitalizar a quadra sintética de futebol do batalhão, que estava desgastada, pois fora construída havia muito tempo.

Assim, fizemos a manutenção de sua estrutura e a reinauguramos com um torneio de futebol. Esse fato teve excelente repercussão na tropa, pois, além de proporcionar uma oportunidade de confraternização, permitiu aos militares relaxar nos horários livres, particularmente os que, no *leave*, permaneciam na base.

Na verdade, foram tantas as ações do adjunto de comando que eu poderia dar um grande número de exemplos. No entanto, cabe destacar que o somatório de todas elas fez com que seu trabalho fosse reconhecido por todos os níveis hierárquicos do batalhão, como identificado na pesquisa mencionada. Foi uma obra construída passo a passo, ao longo de toda a missão.

Por fim, ressalto que esse militar, de grande valor humano e ético, admirado por superiores e subordinados, constituiu um instrumento fundamental do comando da BRABAT, não só para que entendêssemos nossa tropa, como para que identificássemos oportunidades de proporcionar-lhe bem-estar e para transmitir-lhe a mensagem correta no momento adequado. Seu papel foi muito positivo para o desempenho de toda a cadeia de liderança e para o bom ambiente no âmbito do batalhão.

O CAPELÃO

Se no Brasil, em situações de rotina, a questão religiosa já é um tema sensível à tropa, no Haiti, com todas as características de nossa missão, ela se tornava um elemento a ser cuidado com alta prioridade. As condições do país em que estávamos, aliadas às tensões de risco de vida e de contrair doenças, entre outros fatores de estresse, conferiam ao elemento religioso um grande poder.

Uma questão que me veio à mente foi como esse poderoso elemento poderia ajudar na condução da tropa, na busca do melhor cumprimento da missão, aliado ao bem-estar dos subordinados.

Buscando atender a essa questão, concebi, em conjunto com o capelão, uma forma de atuação da assistência religiosa do BRABAT que se mostrou extremamente eficiente no conforto psicológico dos integrantes do batalhão, bem como no apoio às decisões do comando.

A atuação do capelão foi regulada mediante elaboração das diretrizes do comandante para a assistência religiosa, emitidas por ocasião do preparo do contingente. Nelas estavam contidas as principais orientações do comandante, consolidando as duas funções do capelão: a de ministro e de assessor do comando em relação aos assuntos religiosos e na manutenção do moral da tropa.

Estava claro que, no ambiente operacional, o serviço religioso não poderia ser administrado por meio de voluntarismos desconectados com a realidade do contingente e com os objetivos da missão. Ainda por ocasião do preparo da tropa, também orientei para que o capelão trabalhasse para evitar possíveis campanhas de conversão, a formação de guetos religiosos e a disseminação de ideias que ferissem a disciplina e a hierarquia.

O nosso capelão era católico, mas vários BRABATs anteriores haviam levado capelães também evangélicos. Havia um tipo de rodízio, que assegurava a presença de um ou de ambos, conforme o senso religioso do contingente.

Cabia ao capelão reunir os representantes de outras religiões[46] e articular o trabalho conjunto. Conforme seu planejamento, os temas religiosos explorados junto à tropa eram coordenados semanalmente, de acordo com o contexto vivido no batalhão, sempre buscando alinhá-los às mensagens do comandante.

Minha diretriz para o relacionamento entre as diferentes religiões era a de colaboração mútua focada na conquista e na manutenção de um ambiente saudável. No entanto, em alguns momentos tive de intervir para evitar que alguma rivalidade entre católicos e evangélicos prejudicasse o ambiente. Nosso capelão também atuou com esse objetivo, e os resultados alcançados foram muito bons. Uma prova disso ocorreu ao final da missão, quando ele recebeu de presente dos evangélicos um escudo talhado como reconhecimento da parceria entre eles.

A atuação religiosa no batalhão estava consolidada em três níveis: o atendimento religioso mediante a coordenação dos cultos, missas e reuniões espíritas, sempre com temas comuns e coordenados, de acordo com a necessidade dos seus integrantes e das missões que nos eram impostas; a realização de atividades ecumênicas voltadas à elevação do moral da tropa; e a elaboração diária de mensagens nas reuniões matinais com o estado-maior e com os comandantes de companhia, reforçadas pelo aconselhamento individual e pontual às pessoas que vivenciavam situações específicas.

De certa maneira, a ideia central das mensagens elaboradas pelo capelão sempre tinha o apoio da psicóloga e do adjunto de

---

[46] No BRABAT 23 havia um representante evangélico e um espírita. O capelão, além de ser o chefe do serviço de assistência religiosa do batalhão, acumulava a função de representante católico.

comando, em virtude da percepção destes acerca das questões de liderança e de relacionamento entre os integrantes do batalhão, razão pela qual foi fundamental a aproximação do capelão a essas duas figuras. Em virtude desse trabalho, a inserção das mensagens elaboradas permitiu ao comandante um *feedback* do ambiente em tempo real e a pronta ação de comando frente às percepções captadas.

Aprovei o planejamento que previa que as atividades religiosas contariam com a missa, o culto evangélico e a reunião espírita. Haveria atividades devocionais, sacramentais e estudo bíblico. Toda atividade era dirigida ao público interno do batalhão e funcionava em caráter voluntário.

Elas seriam realizadas todos os dias: segunda-feira, na capela do BRABAT, havia a preparação para os sacramentos; terça-feira, na BRAENGCOY com os evangélicos, e na capela com a novena de Nossa Senhora do Perpétuo Socorro com os católicos; na quarta-feira com os espíritas; quinta-feira com os evangélicos na base dos fuzileiros navais, e na capela menor do BRABAT com os católicos; na sexta-feira havia confissões na capela menor; no sábado aconteciam as reuniões na capela para preparação da missa e do culto evangélico; e, no domingo, a missa pela manhã e o culto evangélico à noite, ambos na capela maior.

Na base de Cité Soleil, também havia missa e culto evangélico. As constantes visitas do capelão àquela base foram fator de conforto espiritual aos militares que ali estavam. Lá, soube de um episódio emocionante: certa vez, o capelão abençoou as alianças de noivado do tenente médico que queria surpreender a namorada durante a viagem que fariam em sua folga. Foi um momento presenciado por grande parte da companhia que lá se encontrava. Depois desse episódio, a tropa buscou acompanhar emocionada o desenrolar desse romance.

A rotina da tropa na base de Cité Soleil era um desafio para o comandante de companhia, e, nesse sentido, o desenvolvimento de atividades religiosas e a presença do capelão colaboravam para a manutenção do moral da tropa. Uma prática constante com os militares, nos intervalos das atividades, envolvia a constituição de rodas de chimarrão regadas a uma boa conversa com a presença do capelão. Os temas a serem abordados eram acertados com o comandante da companhia em razão de suas percepções e preocupações com sua tropa, assim, as inserções religiosas foram precisas e eficientes.

Um aspecto a se destacar é que não cabe ao comandante empregar o capelão associado às suas convicções religiosas pessoais, mas às diretrizes e intenções de seu comando voltadas exclusivamente para o cumprimento da missão que lhe foi atribuída.

Com essa percepção, defini que qualquer apoio, mesmo religioso, à população haitiana deveria ser articulado com a equipe do estado-maior responsável pelas relações com os civis. Todas as ações externas precisavam estar alinhadas aos objetivos operacionais do batalhão. Nada deveria ser feito por iniciativas isoladas, sem um propósito institucional.

Cabe destacar que sempre enfatizei aos representantes das diversas religiões que não estávamos no Haiti para fazer qualquer catequização ao povo de lá, nem prestar auxílio religioso à população local. O serviço religioso visava apoiar nossa tropa e o comando do batalhão; essa era a finalidade de seu trabalho.

Observe-se que a gestão do conteúdo religioso é sempre sensível, mas não há impedimento ético de sua oportuna administração em proveito da missão e do bem-estar dos integrantes do batalhão. Pelo contrário, essa era a finalidade da existência do nosso serviço de assistência religiosa. Com essa percepção, o capelão tomou ciência de que sua atividade não resultava em um fim em si mesmo, mas constituía parte integrante do projeto que conformava a missão do BRABAT.

Assim, os representantes religiosos entenderam que o batalhão não era sua paróquia ou sua igreja. Sua atuação consolidava um serviço orgânico na máquina institucional, inserida em um contexto operacional com vista ao cumprimento das missões. Todas as atividades que ocorriam eram institucionalizadas pela BRABAT, inclusive a religiosa.

No tocante a aspectos de liderança, a atividade religiosa no BRABAT 23 foi um excelente instrumento de reforço à mensagem do comandante e de sua empatia com a tropa. Aspectos de sensibilização religiosa da tropa tornaram-se elementos de análise para a compreensão das posturas dos subordinados frente a diversas circunstâncias.

Durante a missão, lembro-me de chamar o capelão para atribuir-lhe a missão de realizar uma assistência focalizada sobre alguns integrantes que demonstravam instabilidade afetiva, de forma semelhante ao modo como orientei a psicóloga e o adjunto de comando. Essa situação ocorreu, particularmente, quando observei que algum militar, sensível à religiosidade, apresentava comportamento preocupante, fora do normal.

Entretanto, quando o problema vinha do subordinado para o capelão, normalmente em conversas reservadas, não cabia ao comandante, nem aos comandantes intermediários, buscar violar o sigilo sacramental dessa relação. Não só tive muito cuidado para respeitar esse aspecto como orientei os líderes intermediários para que também o fizessem.

Com o objetivo de motivar o estado-maior e os comandantes de companhia, determinei que o capelão preparasse diariamente uma mensagem, de cunho filosófico-antropológico, nas reuniões matinais, a qual deveria estar em consonância com a situação vivida por nossa tropa naquele momento.

Isso exigiu o contato cotidiano dele com os integrantes do estado-maior, com os comandantes de companhia e com toda a tropa, para a percepção do *animus* do batalhão. A inserção das mensagens proferidas pelo capelão nas reuniões matinais direcionava-se a todos, independentemente das opções religiosas dos integrantes, dado seu caráter humanitário, ecumênico e institucional.

Foram mais de sete meses de mensagens diárias. As reuniões eram abertas com essas mensagens e replicadas nas companhias a pedido de seus comandantes. Focadas na gestão de pessoas, na administração de circunstâncias, no cumprimento da missão e no reforço às intenções do comandante, as mensagens mesclavam conteúdo religioso das diversas denominações, sociológico, ciências da religião, ciências políticas e filosofia.

Nessa situação, a palavra do capelão esteve em sintonia com as necessidades que a missão impunha, contribuindo, assim, para a assimilação das ordens, mesmo as impopulares, alinhando as posturas psicológicas dos subordinados. Em diversas circunstâncias, como em alguns momentos de insatisfação da tropa ou de integrantes do estado-maior, contei com o apoio do capelão para enfatizar minhas posições.

Nos momentos de potencial crise, não só o capelão, como também os líderes evangélico e espírita demonstraram ser extremamente hábeis para, com uma linguagem indireta, transmitir os valores e os princípios por trás das ordens emitidas. Juntos, trabalhamos em prol do bem-estar da tropa e do sucesso da missão.

Esses valores e princípios eram repassados pelo capelão aos colaboradores das demais religiões nas reuniões das segundas-feiras, articulando as mensagens religiosas do batalhão com as intenções do comando e com as necessidades espirituais dos integrantes. Uniam-se assim as atividades religiosas de manutenção da fé em suas mais variadas acepções com a articulação do serviço religioso em apoio ao comando do batalhão. Considero que essa foi a chave do sucesso do trabalho do capelão, como instrumento de liderança, no âmbito do BRABAT 23.

Cabe destacar, porém, que o serviço religioso do BRABAT colaborou exclusivamente para os objetivos, consensual e moralmente aceitos, voltados para o cumprimento da missão imposta ao batalhão. Apenas com uma postura ética adequada, foi possível liderar os representantes religiosos a fim de que contribuíssem para o cumprimento da missão. Se houvesse escorregões éticos do comandante, certamente seria perdido o apoio desses importantes aliados.

As mensagens aos subordinados se tornavam muito mais efetivas quando associadas à mensagem religiosa, na medida certa. Tratava-se, muitas vezes, de veículos de educação e de consolidação de valores. Assim, temas como relações pessoais – reforçado constantemente nos cultos e missas –, perdão, amizade, comprometimento, respeito à autoridade, lealdade, discrição, entre tantos outros, eram tratados nas atividades religiosas. O uso dessa associação, muitas vezes, revigorou o moral da tropa e também aproximou o comandante dos subordinados.

Houve, no entanto, uma vez em que intervim diretamente. Ocorreu quando acompanhava uma reunião religiosa, em que o capelão não pôde estar presente, e um militar que fazia uso da palavra desenvolveu a ideia de que em nossa sociedade havia muitas inversões de valores. Naquele momento, ele deu como exemplo o fato de que homens obedecerem a mulheres seria algo errado, pois contrariaria o texto bíblico.

Tive de interferir porque aquela era uma visão pessoal que ia contra a hierarquia e a disciplina, uma vez que no BRABAT havia mulheres sargentos e oficiais que tinham homens como seus subordinados. Além disso, nas Forças Armadas, a posição hierárquica e a função do militar são os únicos fatores que conferem autoridade a alguém para emitir ordens, independentemente do sexo. No entanto, cabe destacar que esse foi um caso isolado. Sempre busquei estar presente nas atividades religiosas e asseguro que essa foi uma exceção.

Por fim, cabe destacar que não só o trabalho do capelão, mas também o dos representantes evangélico e espírita foram instrumentos que contribuíram para o bom exercício da liderança no âmbito do BRABAT 23. O trabalho do capelão, alicerçado em valores éticos e direcionado para o alinhamento das necessidades da missão, foi um dos fatores de êxito na condução daquela tropa.

EM SÍNTESE

Por tudo exposto ao longo desta lição, finalizo ratificando que, no BRABAT 23, os três principais instrumentos institucionais utilizados para o exercício da liderança foram a psicóloga, o adjunto de comando e o capelão. É importante destacar que o resultado de seus eficientes trabalhos foi fruto do foco no estabelecimento de canais de comunicação entre o comando e os comandados.

Só com esse foco eles puderam me assessorar, não só para proporcionar a adequada leitura da percepção dos subordinados, como também para fazer com que as mensagens chegassem à tropa em uma linguagem que ela compreendesse e, com isso, adotasse o comportamento necessário para o melhor cumprimento da missão.

Adjunto de Comando acompanha patrulha

Missa realizada pelo Capelão

Cerco ao Palácio Nacional

Epílogo

CONSTATANDO OS RESULTADOS

A verdadeira essência
de suas pegadas pode
ser menos percebida em
sua presença do que
em sua ausência.
(Ernest Agyemang Yeboah)

Operação Palácio Nacional

Chegamos ao final deste livro. Nele busquei explicar as sete lições de liderança mais importantes vivenciadas na incrível jornada que foi comandar o Batalhão Brasileiro de Força de Paz no Haiti.

Muitas outras histórias dessa experiência poderiam ter sido narradas, mas elas terão de permanecer apenas na memória de nossos companheiros, uma vez que não foi possível incluir, nas poucas páginas desta obra, tudo o que se passou.

Para encerrar a história e os ensinamentos dessa fascinante experiência, identificarei os resultados obtidos com a implementação da estratégia de liderança levada a cabo no BRABAT 23.

Na primeira parte, descreverei dois episódios que, ainda que de forma subjetiva, bem podem caracterizar o êxito que alcançamos. Já na segunda parte, farei uma sucinta avaliação da pesquisa sobre Clima Organizacional, realizada pelo CPAEx em nosso batalhão, por meio da qual foram medidas as percepções de nossa tropa sobre uma série de aspectos, entre os quais os relacionados à liderança.

ESTANDO PRESENTE, MESMO AUSENTE

Após todas as tensões do período eleitoral, ocorrido no final de janeiro de 2016, resolvi tirar a minha primeira folga no início de fevereiro. Era hora de recuperar energia e passar alguns dias com a família. Assim, em 5 de fevereiro, pela manhã, viajei para algumas ilhas próximas ao Haiti. Em 7 de fevereiro, acabaria o mandato do presidente Michel Martelly e, como o segundo turno das eleições havia sido cancelado, um governo provisório assumiria o poder até que se realizasse novo pleito eleitoral.

No entanto, Martelly divulgou à imprensa que não iria deixar o cargo ao término do mandato. Com isso, a situação ficou tensa e uma série de manifestações contra o presidente começou a ocorrer por todo o território haitiano. Desse modo, no início da tarde de 5 de fevereiro, uma multidão começou a se manifestar em frente ao Palácio Nacional. Algumas horas depois, tanto a quantidade de pessoas, que chegara a 3 mil, quanto o nível de agressividade do grupo começaram a alcançar proporções preocupantes.

Então, por volta das 16 horas daquele dia, o batalhão foi acionado pelo Comandante do Componente Militar para cercar o Palácio Nacional e impedir qualquer ato de violência contra o presidente.

Como o BRABAT já possuía um padrão de procedimentos estabelecido e exaustivamente treinado, em apenas 40 minutos foram colocados 360 militares, 32 veículos (sendo 11 blindados) em frente ao Palácio Nacional. Com a chegada do BRABAT ao local, com sua grande quantidade de pessoal e de meios, a multidão começou a se dispersar e, após alguns minutos, a situação voltou à normalidade. O batalhão permaneceu algum tempo no local e, em seguida, como a manifestação havia se arrefecido, as tropas retornaram às suas bases.

No entanto, os acionamentos-surpresa não acabaram por aí. No dia seguinte, à tarde, novamente o Comandante do Componente Militar determinou que o BRABAT saísse para enfrentar outra manifestação, mas, nesse caso, o local ameaçado era o Parlamento Haitiano. De forma semelhante, com a chegada de nossa tropa, a multidão começou a se dispersar e rapidamente a manifestação foi encerrada.

O êxito da pronta resposta e a atitude firme do batalhão nesses dois episódios foram fruto de uma série de fatores. Desde a preparação no Brasil, simulávamos com certa frequência aquele tipo de situação. Além disso, o Comandante do Componente Militar já havia acionado o BRABAT em episódios anteriores, conforme mencionado na quarta lição. Assim, nosso batalhão estava muito bem treinado para responder a esse tipo de demanda. Havíamos, ainda, feito com antecedência uma série de planejamentos, entre os quais estava a possibilidade de atuação tanto no Palácio Nacional quanto no Parlamento, ou seja, não fomos surpreendidos.

Quando retornei da minha folga, em 14 de fevereiro, a situação política do país estava mais calma e o governo provisório já havia tomado posse. Assim, recebi de meu estado-maior o relato das ações realizadas no período em que estivera fora.

Curiosamente, durante nossa conversa, um dos comandantes de companhia fez o seguinte comentário: "Comandante, a sensação que tivemos foi de que o senhor estava aqui conosco o tempo todo. Tudo funcionou como se o senhor estivesse presente, dando as ordens".

Esse comentário me fez refletir sobre qual era o meu papel frente à tropa. Deveria eu me tornar imprescindível? Não. Todo o treinamento que havíamos realizado fez com que o batalhão funcionasse como uma "máquina" – depois de "programá-la", o comandante se faria presente, de certa forma, mesmo estando em outro local.

Cabe destacar que liderar aquela tropa, para mim, não era trabalhar para receber os louros da missão bem cumprida, e, sim, fazer com que aqueles homens e mulheres se mantivessem orientados para a consecução dos objetivos a nós impostos. Importava motivá-los para que fossem dignos representantes das tropas brasileiras.

O momento da minha folga foi uma oportunidade para sair de cena e abrir espaço para que outras lideranças revelassem o seu valor. E foi o que de fato aconteceu, pois eles responderam muito bem a todas as expectativas. Havia muito mais em jogo do que apenas questões relativas ao nosso batalhão. Mais importante do que minha presença, era cumprir bem a missão, manter o nome do Brasil elevado perante todo aquele desafio.

Por tudo isso, considero que esses dois episódios ocorridos durante minha folga caracterizaram muito bem o êxito de todo o esforço para conduzir aquela tropa, deixando-a pronta para reagir quase que de maneira automática, pois, desde a preparação até aquele momento, as ações realizadas culminaram com aquele efetivo desempenho no início de fevereiro.

Destaco, como fator de sucesso nesses episódios, a fidelidade do subcomandante e do estado-maior a tudo que havíamos planejado, treinado e praticado até então. Eles, ao seguirem as diretrizes do comandante, foram os responsáveis por fazer com que tudo funcionasse como havia sido concebido.

Outro ponto fundamental foi a ação de comando nos mais diversos níveis, desde a presença do subcomandante, do estado--maior e dos comandantes intermediários nos locais de maior tensão, até a postura das lideranças dos pequenos escalões.

Com tudo isso, percebi que todo o sacrifício dedicado àquela tropa havia valido a pena, pois ele produzira seus frutos. O BRABAT 23 havia se tornado uma engrenagem que funcionava sozinha – ou seja, o comandante estava presente, mesmo quando ausente.

AS PESQUISAS SOBRE CLIMA ORGANIZACIONAL REALIZADAS PELO CPAEx

Conforme mencionado anteriormente, no período de 10 a 17 de março de 2016, o BRABAT 23 recebeu a visita formal de três integrantes do CPAEx. A comitiva era composta do comandante daquela unidade militar do Exército e de duas tenentes, todos psicólogos.

Também realizadas nos BRABATs anteriores, as pesquisas de medição do clima organizacional consistiam em ferramentas que visavam analisar o ambiente organizacional e o nível de satisfação dos integrantes do batalhão.

Nessas pesquisas, foi verificado o estado de satisfação dos militares em relação a diversos itens, entre os quais se destacam: trabalho em si; integração interpessoal; liderança; comunicação; desenvolvimento profissional; imagem do Exército Brasileiro na missão; benefícios; infraestrutura de trabalho; e serviços oferecidos.

Foram consultados, como amostra inicial, 158 militares do BRABAT, nos quais foram aplicadas pesquisas anônimas, dinâmicas de grupo e entrevistas individuais e coletivas. As pesquisas realizadas constaram de perguntas objetivas cuja finalidade foi mensurar, com critérios quantitativos, a realidade vivida pela tropa na missão.

Por questão de objetividade, abordarei apenas os principais quesitos relacionados à liderança. Em um primeiro questionário aplicado de forma anônima, perguntando sobre o desempenho de todos os níveis de comando, no qual a nota máxima seria 4 e a mínima seria 1, os resultados obtidos foram:

Nível hierárquico	Resultado médio obtido
Comandante de Grupo de Combate	3,7
Comandante de Pelotão	3,5
Comandante de Companhia	3,6
Comandante do Batalhão	3,8

Já em um segundo questionário, também anônimo, aplicado em 166 militares, perguntou-se o grau de satisfação com os diversos níveis de comando. Nesse caso, havia as seguintes opções a quem respondia, em grau crescente de satisfação: totalmente insatisfeito, parcialmente insatisfeito; parcialmente satisfeito; e totalmente satisfeito. Os resultados relativos à liderança dos diversos níveis hierárquicos foram os seguintes:

Relacionamento com os Comandantes de Grupo de Combate		
Conceito	Efetivo pesquisado	Percentual Total
Totalmente insatisfeito	2	1,2%
Parcialmente insatisfeito	9	5,42%
Parcialmente satisfeito	31	18,67%
Totalmente satisfeito	123	74,10%
Em branco	1	0,6%
Total	166	

Relacionamento com os Comandantes de Pelotão		
Conceito	Efetivo pesquisado	Percentual Total
Totalmente insatisfeito	6	3,61%
Parcialmente insatisfeito	9	5,42%
Parcialmente satisfeito	44	26,51%
Totalmente satisfeito	106	63,86%
Em branco	1	0,6%
Total	166	

Relacionamento com os Comandantes de Companhia		
Conceito	Efetivo pesquisado	Percentual Total
Totalmente insatisfeito	2	1,2%
Parcialmente insatisfeito	8	4,82%
Parcialmente satisfeito	42	25,3%
Totalmente satisfeito	111	66,87%
Em branco	3	1,81%
Total	166	

Relacionamento com o Comandante do Batalhão		
Conceito	Efetivo pesquisado	Percentual Total
Totalmente insatisfeito	0	0%
Parcialmente insatisfeito	2	1,2%
Parcialmente satisfeito	33	19,88%
Totalmente satisfeito	130	78,31%
Em branco	1	0,6%
Total	166	

O somatório dos itens "Parcialmente Satisfeitos" e "Totalmente Satisfeitos", marcados em cinza-claro nas tabelas apresentadas, representam, para o CPAEx, o índice geral de satisfação com a liderança em determinado nível hierárquico. Assim, os comandantes de grupo de combate tiveram o índice de 92,77%, os comandantes de pelotão o de 90,36%, os comandantes de companhia o de 92,17% e, por fim, o comandante do batalhão de 98,19%.

Ao se verificarem esses valores, nos quais todos os níveis de comando superaram os índices de aprovação de 90%, conclui-se que toda a cadeia de comando do BRABAT 23 havia funcionado. Avalio que as sete lições, seguidas pelos líderes intermediários, foram a fórmula que nos conduziu ao êxito.

Quando retornamos ao Brasil, ao final da missão, houve outra pesquisa de satisfação, na qual, segundo a tenente psicóloga, chefe da equipe daquela avaliação, os resultados repetiram o alto grau de satisfação da tropa apresentados nas pesquisas realizadas no Haiti.

Segundo essa psicóloga, toda sua equipe de cinco profissionais estava extremamente satisfeita com os números apresentados. Com isso, ao final de toda a avaliação, ela se mostrou muito curiosa sobre o que havíamos feito para que a tropa voltasse tão feliz e apresentasse aqueles elevados índices de satisfação. Expliquei-lhe, então, que não seria possível narrar tudo o que ocorrera em apenas uma entrevista.

Por conseguinte, ela me pediu que escrevesse sobre as lições aprendidas na missão e as disponibilizasse ao público militar, pois, segundo ela, existia o interesse de se saber como havíamos alcançado aquele resultado.

Ao ouvir suas palavras, dei-me conta da oportunidade que surgia. Foi nesse momento, portanto, que decidi escrever este livro. Seria o esforço para deixar todas essas lições como legado aos futuros comandantes e chefes, militares ou civis, para que os aprendizados adquiridos com muito suor não se perdessem ao longo do tempo.

Psicólogo do CPAEx coordena avaliações

ENCERRANDO

As ações que narrei nas sete lições apresentadas, como a autocrítica realizada antes da missão; a minimização dos fatores negativos do ambiente hostil; a forma cuidadosa de conduzir as lideranças intermediárias e a ponta da linha; os canais de comunicação estabelecidos com o subordinado; os exemplos dados frente ao perigo; e o uso correto dos instrumentos institucionais, tudo isso havia culminado com a conquista dos objetivos estabelecidos desde a fase de preparo.

Por tudo isso, considero ter identificado e aplicado a fórmula para combinar desempenho elevado com alto grau de satisfação. Ela está aí, ao longo destas páginas, disponível para qualquer um que pretenda liderar grupos humanos, mesmo em situações críticas.

No entanto, considero que sempre há condutas a serem melhoradas. Embora eu tenha, nesta obra, enfatizado as lições que deram certo, muitas ações poderiam ter sido executadas de forma diferente e, consequentemente, ter apresentado um melhor resultado. A autocrítica, apresentada na primeira lição, deve acompanhar o comandante todo o tempo. O aprendizado é dinâmico e constante. Sempre podemos melhorar e evoluir.

Por fim, fecho este livro na esperança de que as lições apresentadas contribuam para que as gerações que estão por vir sejam cada vez mais capazes de liderar civis ou militares, em qualquer tipo de ambiente ou situação, em prol dos objetivos mais nobres.

Precisamos de líderes!

Missão Haiti EM IMAGENS

Patrulha no Interior do Haiti

Psicólogos do CPAEx na base de Cité Solei

Localização do Haiti

Comandante conversando com os familiares

General Mourão inspeciona o BRABAT

Homenagem aos militares mortos no terremoto de 2010

Cerimônia de entrega da medalha da ONU

Tropa agradece a Deus todos terem voltado bem da operação

Corrida de todo o batalhão

Segmento Feminino

Comandante veste a Pilcha e canta com os gaúchos

Luciano Huck cercado por crianças em Cité Soleil

Luciano Huck coversando com a tropa

Missão Haiti: 7 lições de liderança 249

Percorrendo os postos dos soldados sentinelas na noite de Natal

Pagode do Esquadrão

Ação Social 1

Ação Social 2

Veículo Blindado Urutu iluminado na noite de Natal

Combate aos mosquitos

Dança Gaúcha

Mastro das bandeiras

Grupo de Operações Psicológicas em ação

Patrulha Motorizada

Missão helitransportada

Progressão de um grupo de combate na favela

FONTE: IBM Plex Serif

#Novo Século nas redes sociais